Ma belle dame. Nelly Dale

Thomas Woolner

(Editeur : Henry Morley)

Writat

Cette édition parue en 2024

ISBN : 9789359942353

Publié par
Writat
email : info@writat.com

Contenu

INTRODUCTION.

> « Un rayon m'a transpercé du plus haut des cieux :
> j'ai cru en la valeur ; et croyez.»

Ainsi s'exprime la chanson de M. Woolner, qui montre l'issue d'un noble amour terrestre, ne faisant qu'un avec le céleste. Son issue est la vie de grands efforts , dans laquelle

> "Ceux qui veulent être quelque chose de plus
> que ceux qui festoient, rient et meurent, entendront la voix
> du devoir, comme la note de la guerre, stimulant leur
> esprit vers de grandes entreprises, et resserrant tous les
> tendons pour la charge."

Cette bibliothèque est basée sur une croyance en la valeur et sur la connaissance du désir généralisé parmi les hommes d'aujourd'hui de lire des livres qui sont des livres qui, comme le dit Milton, « contiennent en eux une puissance de vie qui les rend aussi actifs que les autres ». cette âme dont ils sont la progéniture ; bien plus, ils préservent comme dans une fiole la plus pure efficacité et l'extraction de cet intellect vivant qui les a engendrés. Quand donc, comme c'est le cas maintenant pour la seconde fois, un homme de génie qui a écrit dans l'espoir d'élever le cœur et l'esprit des hommes en ajoutant un livre vrai de plus aux trésors du pays, nous honore par une telle reconnaissance de notre Dans le but et en sympathie avec elle, qu'il renonce à une partie de son droit exclusif sur son propre ouvrage et propose de le faire circuler librement avec les autres volumes de notre série, nous acceptons le cadeau, si nous pouvons oser dites-le, dans l'esprit du donateur, et nous sommes d'autant plus heureux d'avoir la preuve que nous ne travaillons pas en vain.

De telles preuves se présentent sous d'autres formes : comme dans les lettres de lecteurs éloignés dans des colonies isolées, de l'extrême ouest, de fermes de moutons en Australie, de l'Inde la plus reculée, des endroits vers lesquels ces petits volumes arrivent en tant que pionniers ; étant presque les premiers vrais livres qui y ont été vus. Pour envoyer une vraie voix off, pour le plaisir et le soutien des travailleurs sérieux qui ouvrent grand leur cœur à un bon livre d'une manière que nous pouvons à peine comprendre, - nous qui vivons dans le gaspillage au milieu de l'abondance et sommes enclins parfois à laisser tomber se nourrir de la belle montagne et se nourrir de la lande, cela vaut la peine de tout homme de génie qui met son âme dans son travail, comme le fait M. Woolner.

Les livres de la « Bibliothèque nationale » qui viennent comme ceux de M. Patmore et de M. Woolner sont ici en amis et compagnons. S'ils n'étaient pas hautement estimés, ils ne seraient pas là. Au-delà de cette opinion implicite, il n'y a rien à dire. Ce serait un hôte mal élevé qui critiquait son hôte ou qui le louait haut et fort devant lui. Un homme célèbre de notre époque n'a pas non plus besoin d'être présenté personnellement. On dit seulement, sachant que ce livre sera lu par beaucoup de gens qui ne peuvent savoir ce que savent ceux qui ont accès aux œuvres des artistes, que M. Thomas Woolner est un académicien royal et l'un des plus éminents sculpteurs de notre époque. jour. Pendant quelques années, de 1877 à 1879, il fut professeur de sculpture à la Royal Academy. Une statue colossale en bronze du capitaine Cook a été conçue pour un site surplombant le port de Sydney . L'esprit d'un poète a donné vie à son travail sur le marbre, et lorsqu'il était associé à M. Millais, M. Holman Hunt et d'autres qui, en 1850, s'efforçaient d' apporter la vérité et la beauté de l'expression dans l'art, en Face à la réaction audacieuse contre les conventions dociles et peu sincères pour laquelle M. Ruskin plaidait et que le temps exigeait, M. Woolner s'est joint à la production par eux d'un magazine appelé « The Germ », auquel certains des vers de ce volume ont été contribués.

Il n'y a plus rien à dire ; mais à travers une autre page, que Wordsworth fasse l'éloge des livres :

> Pourtant, est-ce juste
> qu'ici, en mémoire de tous les livres qui ont posé leurs
> fondements sûrs dans le cœur de l'homme, que ce soit par
> la prose indigène ou par de nombreux vers. Qu'au nom de
> toutes les âmes inspirées, d'Homère le grand tonnerre , de
> la voix
> qui rugit le long du lit de la chanson juive, et celle-ci est
> plus variée et plus élaborée, ces tons d'harmonie de
> trompette qui secouent nos rivages en Angleterre, depuis
> ces notes les plus élevées, jusqu'aux gazouillis graves et
> semblables à ceux d'un troglodyte , faits
> pour les propriétaires de chalets et les fileuses au volant et
> brûlés par le soleil. voyageurs reposant leurs membres
> fatigués
> Étendu sous les haies du chemin, des airs de ballade
> Nourriture pour les oreilles affamées des petits Et des
> vieillards qui ont survécu à leurs joies - C'est justement
> pour cela, les œuvres, Et des hommes qui les ont encadrés,
> qu'ils soient connus Ou dormant sans nom dans leurs
> tombes dispersées, afin que je fasse valoir ici leurs droits,
> atteste leurs honneurs et prononce, une fois pour toutes,
> leur bénédiction ; parlez-en comme de pouvoirs à jamais
> sanctifiés ; seulement moins,Pour ce que nous sommes et

ce que nous pouvons devenir,Que le moi de la Nature, qui
est le souffle de Dieu,Ou Sa pure Parole révélée par
miracle.

Prélude, Livre V.
HM

MA BELLE DAME.
INTRODUCTION.

Chez certains réside un chagrin trop profond
Pour trouver une voix ou pour se révéler À travers la tension du labeur ou
de la pensée quotidienne, Ou au cours de conversations nées d'âmes alliées,
Comme tout homme le comprend. Et même si peut-être leurs joues
s'amincissent ou s'affaissent ; et décliner l'éclat de leurs yeux'Frank ; les
cheveux peuvent perdre leur teinte ou tomber ;
Et la santé peut diminuer en force ; et ils sont plus âgés que ne le justifient
leurs années ; pourtant, aux yeux des autres, ils semblent dorer leur vie avec
gaieté, et chaque devoir tend, comme si leurs aspects disaient la vérité
intérieure. Mais ils ne sont pas comme les autres : pas pour eux le pouls
bondissant et l'ardeur du désir,
le ravissement et l'émerveillement dans les choses nouvelles ; l'espoir qui
palpite entre là où la perfection sourit à la vie universelle ; , ayant gagné
leurs fins, retombent comme des dieux et goûtent à l'achèvement serein du
contenu. Mais dans une atmosphère grise et sobre et fraîche, travaillent sur
leur vie ; Bien qu'ils soient plus divers que les créatures des profondeurs
inconnues de l'océan, chacun en qui cette douleur vitale a racine est
ennuyeux à ce qui fait que toute chose vaut. Et même si, peut-être, une joie
corporelle superficielle les traverse souvent à la source qui respire, ou
d'abord... j'ai entendu l'exultation de l'alouette ; ce poids profond ramène
toujours régulièrement leurs pensées et leurs passions au malheur secret.
Cependant, si elles sont dotées de lumière, des actions héroïques peuvent
être réalisées ; et s'ils sont courbés avec bienveillance, ils peuvent être des
bénédictions précieuses tout au long de leur vie; pourtant la puissance et la
bonté sont pour eux comme des rêves, et ils font vaguement attention, si
leur vue de réveil rencontre une tempête oblique contre la vitre, ou un soleil
scintillant sur les feuilles qui jouent dans le bleu le plus pur de matins d'été
venteux.

D'où vient ce puits de tristesse profonde,
insondable et insondable jeté par l'homme ? Hélas ! car qui peut le dire !
D'où vient le vent qui soulève l'océan dans des bras affolés qui s'agrippent
et fracassent d'énormes vaisseaux sur les rochers, et les dispersent, comme
s'ils étaient légèrement compactés, comme de petits œufs de garçons étoiles
contre un arbre dans des méfaits gratuits ? D'où, détestable, Pour l'homme
qui souffre des mâchoires des monstres, La puissance qui, dans la masse
indigne des crocodiles forestiers, met le feu maléfique de la vie ? Qui jaillit
des pyramides des montagnes un flot De lave, écrasant les œuvres et les
hommes En ruine brûlante et fétide ? — Le pouvoir qui pique une ville

avec une peste : ou transforme le joli bébé qui, sur les genoux de sa mère, lui rend le baiser et le rire prodigués, à travers les convoitises et la vassalité pour endiguer le péché, en un meurtrier de minuit armé d'un couteau ?

Nos vies sont des mystères et rarement scannées
alors que nous lisons des histoires écrites par une plume mortelle. Nous ne pouvons peut-être qu'attraper une trame égarée et tracer la texture suggérée ici ou là, de ce formidable métier à tisser qui tisse nos destins. Deux parents, tard dans la vie, sont peut-être béniAvec un enfant brillant, une merveille dans ses années,Par sa beauté et son génie polyvalent:Certains maux communs le détruisent; les parents, tous deux, jusqu'à leur mort, ne restent que des tombeaux vivants qui contiennent l'image morte de leur joie. Un homme, la fleur d' honneur , qui a trouvé
sa jeune fille bien-aimée s'est enfuie de chez lui, déchue de sa virginité, un sans nom chose qui altère son sang. Un jeune homme qui met toute la force de son être dans l'amour pour quelqu'un, lui répond des sourires mielleux et quitte son pays pour un pays lointain, cherchant la richesse dont il espère qu'il l'honorera délicatement de délices choisis, et en revenant voit les sourires mielleux adoucissent les autres lèvres. Un mari qui a découvert cette malédiction domestique, une femme infidèle. Un penseur dont les soins perçants perçoivent sa nation suit le chemin qui se termine dans la honte.
Une femme gracieuse dont la réserve refuse
le pouvoir de dire ce qui consume son cœur. De tels cas (et certains une perte de savoir, quelle réticence inébranlable protégera de ceux, avilis ou bavards, dont le cœur se corrompt, mais apprend les sombres secrets de leur espèce Pour empoisonner -pointez leur esprit, ou tâtonnez et souriezAvec le rire pharisien de la disgrâce)—De tels cas comme ceux-ci n'exigent aucun guidePour résoudre les problèmes lamentables de leur source !
Mais d'autres sont là, profondément cachés, sombres, désespérés et indiciblement tristes, qui n'ont pas été connus et ne seront peut-être jamais connus.

Alors nous pouvons bien appeler heureux celui dont le chagrin,
Mêlé aux souvenirs sacrés du passé, Peut raconter aux autres comment s'est levée la tempête, Qui l'a frappé et l'a laissé seul dans le monde; Et qui, en racontant, sent son chagrin apaisé, Par cela respect que réclament l'amour et le chagrin.

Il nous incombe à tous, mais principalement à ceux
que le destin a favorisés d'une confiance facile,
de garder un frein aux paroles et aux pensées agitées : et de ne pas, dans une hâte flagrante, préjuger de la première présentation comme la vérité complète. Car il est vrai que les pensées rapides, et Un phénomène de mots

écrémés et de regards, plus fréquemment que la méchanceté, la haine
installée ou le mépris, soutient la confusion et pervertit le juste; place le
faible à la place de l'homme fort; et attele la force du grand à l'oisiveté;
verse de l'or dans le dilapidateur. sac à main, et sucer la richesse, qui est un
pouvoir, de leur contrôle qui l'aurait transformé en un usage noble. Et
souvent, un homme frappera son ami, par un verbiage aléatoire, avec une
douleur plus vive qu'un ennemi ne pourrait, mais à peine lui vouloir dire du
mal; pouvons dépouiller cette mascarade complexe et savoir qui languit
avec des blessures secrètes. Ceux que le poids de la guerre a mutilés, qui
s'appuient sur des béquilles pour soutenir leur poids, sont manifestes à tous
; et le respect car leurs malheurs leur gagnent gentiment une place :
mais des blessures, parfois plus profondes et plus dangereuses,
nous pouvons, par négligence, nous bousculer à travers la foule, irriter et
opprimer, parce que nous sommes inconnus. Alors, quels que soient nos
besoins poussés, décidons d'avancer. douceur; Jugez avec douceur lorsque
nous doutons; et faisons une pause un moment avant que l'injustice ne soit
manifestement proclamée avant que nous laissions tomber le coup de
jugement : contre leur métier ignominieux, qui attend toujours
de voler le droit d'autrui, nous maintiendrons la paix majestueuse en silence
; sachant bien, leur métier prend quelque chose de plus riche d'eux-mêmes.
Il n'est que convenable de respecter les grands ; Pour les âmes, il existe des
capacités médiocres, dont le but tient, tout au long de leur vie ignorée , une
valeur
et une loi sérieuse d'intégrité fixe, qui étaient un honneur même pour ceux
dont le génie marque les limites de notre race.

PARTIE PREMIÈRE.

AMOUR.

L'amour vient divinement, réjouissant la vie mortelle,
Alors que le lever du soleil se lève sur le regard de quelqu'un Perplexe dans
quelque désert lointain et perdu : Qui, seul, faible et frissonnant, à travers la
nuit Entendit des créatures sauvages approcher ; et les gémissements
lointains des tempêtes portées par le vent.

La joie aurorale
rougit le front de l'enfance, réchauffe ses joues jusqu'à une rougeur plus
rosée au nom de l'amour ; à contempler,Dans le premier rêve doré et
délicieux de l'Amour.Il voit la terre comme un labyrinthe de sentiers
tentants,Pour une déambulation heureuse au milieu des fleurs bondéesEt la
musique des ruisseaux. Pas de torts pris en embuscade, ni de tempêtes
déjouantes , qui déroutent et surprennent ;
Mais en s'attardant, l'homme parcourt longtemps un chemin odorant ; et à
la fin, avec l'amour serré main dans la main, il se place dans une gloire fière
: de là, il s'élèvera bientôt avec l'amour au-delà des étoiles et se reposera au
ciel.

L'homme, nerveux par l'Amour, peut supporter avec constance
le choc d'intérêts opposés ; la toile perplexe des croix qui obstruent l'avance
: dans la tempête la plus épaisse de la compétition, la pensée momentanée
de la maison, d'elle, de sa gracieuse épouse et des joies au visage brillant
devient plus forte.

À lui,
le patriarche ridé, qui s'assoit et bronze sous les branches sur lesquelles il a
grimpé, un garçon souple , d'où vient ce sourire maussade,
dont le secret soulève ses joues et inonde sa vue d'une tendre rosée ?
Qu'est-ce qui, à travers son corps, fait fondre la langueur plus douce que
l'approche du sommeil À celui qui est fatigué par une dure journée de
labeur ? C'est le souvenir de l'amour primordial, dont la splendeur
visionnaire a imprégné sa vie
des teintes du ciel ; et qui grandissait le jour,
révélant des chutes périlleuses, ses pas confinés dans les sentiers menant à
la fin la plus noble. Maintenant, suivant cette gloire obscurcie, fatiguée, son
âme hante toujours les portes mystérieuses de la mort;

Comme de quelque hauteur, par un jour sauvage de nuages,
Un vagabond, glacé et épuisé, aperçoit par hasard Se déplacer vers lui à
travers le paysage trempé d'obscurité Un faisceau de lumière dorée ; créer
des lacs, et des pâturages verdoyants, des fermes et des villages; et toucher

des flèches au sommet d'une flamme vacillante; révéler des troupeaux de vaches nourries sobres ;

Et égayant sur son chemin les bois au chant ; Comme lui, ce vagabond, s'éclaire lorsque le puits tombe soudainement sur lui. Un instant réchauffé, il en ressent à peine la beauté avant que la lumière qui s'en aille laisse son âme attristée

plus froide qu'avant son apparition.

Ainsi l'amour brillait autrefois et bénissait ma vie : ainsi il disparut dans l'obscurité.

I. MA BELLE DAME.

J'aime Ma Dame; elle est très belle ;

Son front est pâle et limité par des cheveux simples : Son esprit est assis à l'écart et haut, Mais ses yeux tendres jettent des regards tombants avec douceur.

Comme une jeune forêt tandis que le vent la traverse,

Ma vie s'agite lorsqu'elle se brise à ma vue ; Sa beauté ne donne à ma volonté aucun choix Mais une crainte silencieuse, jusqu'à ce qu'elle réjouisse Mon désir avec sa voix.

Sa voix gazouillante, bien que toujours basse et douce,

me fait souvent ressentir ce qu'un vin fort ferait à un enfant : et bien que sa main soit légère et aérienne, elle m'émeut avec sa puissance, comme le ferait une frayeur soudaine.

Un faucon haut dans les airs, dont les extrémités nerveuses des ailes tremblent de puissance réprimée, avant de plonger,

dans une vigilance, pend moins intensément

que moi, quand sa voix maintient mes sens satisfaits en suspens.

Sa mention d'une chose, auguste ou pauvre,

la rend bien plus noble qu'elle ne l'était auparavant : Comme là où le soleil frappe la vie jaillira, Et ce qui est pâle recevra une rougeur, Des teintes riches, une rougeur plus riche.

Le nom de My Lady, quand j'entends des étrangers utiliser «

Sans vouloir dire elle », me semble un usage laxiste et abusif ; Je n'aime que le nom de Ma Dame ; Maud, Grace, Rose, Marian, toutes pareilles, Sont dures, ou vides et apprivoisées.

Ma Dame marche comme j'ai vu un cygne

Nager là où brillait une gloire sur l'eau : Là, les extrémités des branches de saule chevauchent, Frémissant dans la marée qui coule, Au bord de la rivière profonde.

Les beautés fraîches, quel que soit son mouvement, sont agitées :
Comme le sein ensoleillé d'un colibri À chaque pantalon soulève une teinte
ardente, Un or féroce, un vert ou un bleu ahurissant ; Le même, mais
toujours nouveau.

À quelle heure elle marche sous le mois de mai en fleurs,
je suis tout à fait sûr que les fleurs parfumées disent :
« Ô Dame aux cheveux ensoleillés !
Restez et buvez notre air odorant, L'encens que nous portons :

« Votre beauté, Madame, nous l'ombrerions toujours ;
Car près de toi, notre douceur ne s'effacerait peut-être pas. Et les arbres
pourraient-ils avoir le cœur brisé, La sève verte a sûrement dû piquer,
Quand ma Dame s'est séparée.

Comme elle est belle! Un joyau glorieux
Elle brille au-dessus du diadème d'été De fleurs ! Et quand sa lumière est
vue parmi eux, tous avec révérence se penchent vers elle, leur reine
attentionnée.

Un homme si pauvre que le besoin attaque sa santé,
Béni un matin d'un soulagement dans une richesse sans limites, Ne respire
pas une joie telle que la mienne, quand elle se tient plus majestueuse,
m'attendant, Que ne le sont les grands lys blancs :

Et le flottement blanc de sa robe à tracer,
Où s'entrelacent clématite et jasmin, Élargit triomphalement mon regard :
Même tel son regard, qui voit en haut Son drapeau, pour la victoire.

Nous errons inconsciemment, parce que
La beauté azur du soir attire ; Quand des teintes sobres imprègnent le sol,
Et que la vie universelle se noie Dans des profondeurs feutrées de son.

Nous parcourons un bosquet où s'égarent de fréquents embruns de ronces
avec une intrusion lâche des racines latérales, et imposons de douces pauses
dans notre promenade ; J'en soulève un avec mon pied et je parle de ses
feuilles et de sa tige.

Ou peut-être que quelque épine ou tige épineuse
Fera prisonnière l'ourlet de ses longs vêtements ; Pour le démêler, je
m'agenouille, blessant souvent plus que je ne peux guérir ; Ça la fait rire,
mon zèle.

Ou bien, devant un rouge-gorge aux jambes fines qui saute,
et sautant sur une brindille, il s'arrête avec perspicacité, prononçant
quelques notes claires, jusqu'à ce que nous approchions, quand vivement il
s'envolera dans un buisson à proximité.

Un troupeau de chardonnerets arrête leur vol,
Et tournant autour d'un bouleau se pose Au fond de ses feuilles
scintillantes ; et restez jusqu'à avoir peur de notre approche, quand ils
frappent avec des trilles vexés.

Je me souviens de Ma Dame dans le bois,
retenant son souffle, tout en scrutant alors qu'elle se tenait là, légèrement en
équilibre sur la pointe des pieds, pour marquer un nid construit
confortablement en contrebas, des feuilles ombrageant son front.

Je me souviens qu'elle était perplexe et qu'elle me demandait : «
Qu'est-ce que cet étrange tapotement dans le bois ? J'ai parlé de grives
gourmandes, qui, pour se régaler de morceaux trop riches,
crevaient la niche de curling des pauvres escargots.

Et puis, alors que le chevalier était emmené captif, dans une romance,
à travers la poterne et le passage sombre, devant le regard sinistre des
armes ; d'où du trône la dame qu'il aimait, dans des rougeurs somptueuses,
vint vers lui, muette de honte :

Même ainsi, mon esprit a passé et a vaincu, à travers des peurs
qui tremblaient presque du désespoir ; à travers des larmes insensées, et un
espoir affaibli dans un vol essoufflé, où rayonnait dans une pure lumière
envoûtante
la beauté de l'amour à mes yeux.

Car lorsque nous atteignîmes un creux, où la pierre
et les fragments épars des coquilles gisaient éparpillés, au bord d'un ruisseau
herbeux ;
« Cet air», dit-elle, «est humide et frais.
Nous rentrerons à la maison si vous le souhaitez.»

« Ne rendez pas mon chemin ennuyeux si tôt », m'écriai-je ;
"Voyez comment vos nuages d'événements roses déploient leur splendeur :
tandis que la brise
déplace l'or de feuille en feuille, alors que ces jeunes arbres souples se
déplacent à l'aise!"

Reconnaissante, dans son profond silence, une grive bruyante
effraya l'air avec un chant ; alors tous les buissons des chanteurs cachés se
réveillèrent tous, et tous, quant au coup de leur chef, se mirent en chœur
complet.

Un vent solitaire soupirait dans les pins et chantait
Des malheurs passés depuis longtemps, oubliés. Mon esprit était suspendu
au-dessus d'horribles gouffres : et une peur répugnante était si amère que je
souhaitais ma mort, et d'un grand vide j'ai dit : ;

« Attendez que sa gloire s'efface ; le soleil mais a brûlé
Pour éclairer ta beauté ! La Dame se tourna vers moi, rougie par ses rayons
persistants, Muette comme une étoile. Mon éloge frénétique Fixa grand son
regard éclairé :

Quand, ravi de résolution, je dis à tout le monde
le puissant amour que je lui portais ; comment mon souffle de vie serait-il
étouffé, si elle ne respirait pas toujours le sien avec moi ?
Pourrais-je être un esprit,

Comment, espérant en vain enrichir sa grâce,
quelles pierres précieuses et quelles merveilles arracherais-je à l'espace ;
Reviendrait à travers le vague battement de distance, Rayonnant de joie son
sourire pour les rencontrer, Et les entasser autour de ses pieds !

Sa taille tremblait contre mon bras. Elle baissa la tête
vers la mienne en silence, et mes craintes s'étaient enfuies :
(À ce moment-là, nous entendîmes sonner le glas.)
Ah non ; ce n'est pas bien de le dire ; Mais je m'en souviens bien

Comme elle est chère la pression de son jeune sein chaud
contre le mien, sa maison ; comme je me tenais fier et béni et sentais ses
larmes couler, Tout en murmurant fièrement à ses oreilles L'espoir des
années lointaines.

Le reste je le garde : un charme sacré, source
De force secrète et de réconfort dans ma course. Sa gloire a éclairé mon
chemin ; Et les étoiles sur les étoiles tout au long de la nuit ont fleuri dans
la lumière.

II. AUBE.

Ô Lily avec le soleil céleste
qui brille sur ta poitrine ! Mes passions dispersées vers toi courent et
s'équilibrent vers un terrible repos.

Les ténèbres de notre univers
ont étouffé mon âme dans la nuit ; ta gloire brillait ; où la malédiction est
passée fondue dans la lumière.

Élevé par l'envie; libéré de la douleur;
Au-delà des tempêtes du hasard : Roi béni de mon propre monde, je règne,
contrôlant les circonstances.

III. MIDI.

Gazouillis, gazouillis, gazouillis, ô oiseau joyeux !
Gazouillant, perdu dans les feuilles qui ombragent ma tête heureuse ;
Gazouillant les délices bruyants, loue ton compagnon aux seins chauds, Et
gazouillant crie l'émeute de ton cœur, Ton plus grand ravissement ne peut
égaler le mien.

Flutter, flotter et flasher ; fleur aux
ailes pourpres , séparée de ta tige cultivée au pays des rêves ! Plane et
tremble, voletant jusqu'à ce que tu trouves ,
papillon, ton trésor ! Pourtant tu ne pourras jamais trouver un trésor aussi
riche que mon repos heureux.

Continue avec contentement, abeille errante !
Ou en s'arrêtant dans des fleurs choisies, égouttez leurs bonbons ; Du
pétale miellé tu ne peux jamais siroter Le plus doux des bonbons, comme je
l'ai fait de l'Amour, —
De la bouche chaude de l'Amour, je tire le plus doux des bonbons.

Le vent rond d'ouest, dans des tourbillons reconnaissants, se balance,
murmure délicieusement les fleurs tremblantes : Ô pourrais-je combler ton
vide comme je suis rempli de bonheur, tu respirerais de tels sons que
leurs fleurs devraient faiblir et vaciller malades d'amour ;
Tu aurais révélé des secrets plus rares que ceux qui sont soufflés par les
parfums paradisiaques des champs de haricots là-bas ; ces
odeurs de champs de haricots , légèrement douces et faibles,
qui racontent des pâturages en pente jusqu'aux ruisseaux murmurant pour
toujours à travers des terres ensoleillées ;
Où les montagnes scintillent et s'inclinent jusqu'à des hauteurs argentées
que l'aile du plus grand ange peut atteindre à peine ; où des créatures
merveilleuses flottent sous l'ombre de croissances sublimes, inconnues de la
race mortelle ; où les brumes opalines se trouvent en transe dans les rêves,
où les mélodies sont entendues et meurent à volonté, et peu les esprits font
l'amour avec les fleurs.

Bien que largement flamboyant, plaine de fleurs jaunes,
Un éclat éblouissant de splendeur à midi !
Et illuminez le ciel ouvert, vous, nuages brillants, Avec une lumière brillante
qui obscurcit l'azur ! Votre rayonnement tout uni à celui du soleil
Était l'obscurité à cette gloire née en moi.

Car la propre voix de l'Amour a reconnu que son amour est mien ;
Et la paume de l'Amour a pressé ma paume contre la sienne; Les yeux
profonds de l'Amour ont regardé l'amour qu'elle parlait: Et le jeune cœur de
l'Amour battait tendrement contre le mien Comme de ses lèvres j'ai sucé la
douceur de la vie.

IV. NUIT.

Quelle vieille folie banale les sages sans harmonie
écrivent ou bavardent jour après jour dans des livres ennuyeux, sur le péché
originel et le crime croissant !

Ils bruitent les guerres, ce tonnerre entendu dans les rêves ;
D'énormes insurrections et des changements dynastiques résolus dans le
sang. Je m'étonne que la pensée, par les appréhensions, soit si souvent
forgée pour énoncer comme un fait ce qui semble à tous les hommes, qui
regardent les luttes de nuages soufflées à travers les chaînes orageuses !

Pourquoi ne remplissent-ils pas d'amour la page imprimée,
Éclairant, comme la lune la nuit, Brillant sereinement sur un monde de
beauté, Où l'amour va toujours de pair avec le devoir; Et la vie, un long
pèlerinage aspirant, Fait du travail un passe-temps de plaisir!

C'était un délice pour lui que j'ai trouvé
Whistling cet après-midi derrière son équipe, qui marchait à un rythme
facile et confortable ; tandis que hors du moule , le fer se courbait dans une
grâce roulante
Terre sombre, vague clapotis, sans un son ; et tout passait près de moi
heureux, comme un rêve.

Et ceux que j'ai remarqués binant sur la colline,
parlant familièrement de choses simples, le jour du mariage d'une fille, le
premier enfant d'un fils ; comment le bon écuyer s'est enfin réconcilié,
avaient négligé le faisan abattu par Will : —
gazouillant comme chante n'importe quel grillon.

Et cette pastorale arcadienne complète,
Le joueur de cornemuse qui regardait nourrir ses moutons ; Et, comme un
petit oiseau déborde de joie,
Jouait pendant des heures mon joyeux berger !
Tandis que, lové en bas, son fidèle animal
Se dorait au soleil, clignant des yeux, à moitié endormi.

Ce vent nocturne silencieux souffle d'une pureté céleste ;
Comme la chaleur capitonnée d'un visage infantile.Lo, étoile scintillante
dans les lumières du village de votre douce vallée ; chacun raconte une
petite histoire d'humble confort, où ses détenus, sûrs d'espoir, se sentent
reconnaissants dans leur humble place.

Et ici l'oriel illuminé de Ma Dame brille
Un ver luisant géant dans l'obscurité odorante. Ah, elle se tient là, souriante
dans une ample robe blanche, Entendant la musique de son futur se noyer,

Le calme et les chuchotements feutrés des vignes, Dont les feuilles en
treillis l' ombragent . chambre!

Ou s'agenouille, elle adore près de son lit,
Dans l'espoir aux grands yeux et dans l'humilité courbée, Pour implorer que
Lui, le Donateur, puisse lui donner Assez de force pour lier son cœur
tremblant, Inébranlable et vrai ; et qu'elle sera amenée à admettre la douleur
de ses soucis châtiants mais à la bénir ?

Ou s'assoit-elle devant son miroir, face à face
avec sa propre beauté ? (O terre bénie qui possède de telles perfections
jumelles ensemble ; si vous avez bien deviné !) Ah, moi ; Je me demande si
elle défait maintenant ses opulents cheveux tressés
et les laisse tomber flottants de sa main blanche comme la lune !

Alors quelle source de richesse à la vue de l'amant !
Ses cheveux dénoués, j'ai entendu sa mère dire, Quand elle est assise, elle
tombe sur le sol Et traîne sur toute la longueur de son propre pied et plus
encore : Et oserais-je, couché dans le bonheur, rêver mon délice
Avant longtemps d'en regarder jouer la douceur ondulante ?

Oserais-je, ô vanité ! mais oserais-je
penser qu'elle regarde maintenant la comptine désolée que j'ai écrite
longtemps avant ce soleil couchant bien-aimé, à quelle heure l'amour a
vaincu la peur que ma dame a gagné, tandis que je n'étais pas béni, j'adorais
dans un désespoir muet : -
même maintenant, je la lui ai donnée à l'heure de la séparation. .

« Ô, laisse-moi, très chère, tomber et transmettre une fois
mon amour douloureux pour soulager ce cœur frappé ;
Mais une fois, ô Amour, tomber et reposer
ma tête fatiguée, mais une fois pleurer dans ta poitrine ineffablement tendre
; et sur mes paupières tombantes sentir ton jeune souffle ; le sentir jouer
plus doux était que la mort.

« Que la mort était douce pour celui qui est courbé et vieux,
et usée par de multiples persécutions ; Dont la robustesse a longtemps
enduré seule la charge d'ennemis acharnés, jusqu'à ce que, furieux, il se
relève, quand frappé, tous furent renversés. Lequel alors de ceux-là, ses plus
chers, aucun ne put trouver, ils s'étant enfuis comme des feuilles devant le
vent.

« Comme il passerait, quand à sa vue défaillante,
leurs formes se dressent dans une vision céleste et brillante ; Et perçant à
travers ses oreilles endormies Entre leur cri mélodieux D'appel, de manière
audible, Là où ne coulent pas les larmes des personnes en deuil : Ainsi, très

cher Amour, mon esprit, douloureusement opprimé, pleurerait dans ton sein pour se reposer.

Sa fenêtre est maintenant plongée dans l'obscurité, à l'exception de l'éclat que lui donne la lune. À l'intérieur, elle repose, sa forme souple, détendue, dans un repos rêveur, et replie le contentement comme un bébé sur sa poitrine,
dont le beau soulèvement, égal et serein, bat le temps mortel aux berceuses célestes.

C. ROSE SAUVAGE.

Appeler Ma Dame là où elle se tenait
« Une fleur d'églantier du bois » n'est qu'une pauvre similitude.

Car celui qui, par un tel tour de passe-passe , atteint
un but, consomme la valeur de la parole, et fait blanchir une rose cramoisie.

Mon Amour, dont la réserve de sens domestique
donne au devoir une récompense dorée, et arme sa bonté de défense :

La douce confiance du regard dont le regard
provient de manières gracieuses, et gagne la confiance que la confiance récompense :

Dont la grâce variable de la silhouette majestueuse
Ne se voit jamais à moins que son visage ne se tourne rayonnant vers un autre endroit ;

Pour un tel halo rond, il brille.
L'attention surprise ne connaît qu'une merveille vivante au repos.

Les fleurs qui respirent un petit jour
Dans une douceur odorante peuvent-elles vivre, Et vaciller devant la terre se décomposer,

Avoir une quelconque prétention à se classer avec elle,
réchauffé dans l'âme de laquelle les impulsions remuent, puis fleurir vers la bonté, et aver

Sa valeur à travers les joies sphériques évoluera
Quand les soleils et les systèmes cesseront au-dessus, Et que rien ne vit que l'Amour parfait ?

VI. LA GLOIRE DE MA DAME.

Fort de la force royale de l'amour,
Intronisé par la valeur native Son influence est exercée sur terre : Dont l'âme regarde vers le bas d'en haut Étoiles exaltées, dont le pouvoir Illumine la fleur la plus brillante.

Sa beauté marche avec une grâce plus heureuse
Que les faons se déplaçant légèrement Sur les vieilles pelouses ombragées
d'ormes. Une tendresse transparaît sur son visage, Et comme la lueur du
matin, fait allusion à une journée entière ci-dessous.

Quand le site s'étend autour des cieux
Sur la trace éblouissante du soleil, Et quand il rend doucement sa gloire à
ses yeux ouverts, Elle remplit nos cœurs et nos yeux D'émerveillement et
de plaisir.

Et quand je pense que mes sens sont engourdis,
Ou quand les ombres passées roulent Leurs souvenirs sur mon âme,
Souvent, traversant les ténèbres vient Un réconfort et une surprise, Ses
yeux émerveillés.

Comme il est grand et beau l'amour
qu'elle cache en silence, qu'elle ne révèle qu'en actes ! Elle rumine sa bonté ;
comme une colombe Reste assise à méditer dans le nid De la vie sous son
sein.

La fraîcheur immédiate qui était connue
dans la fleur de l'authentique de l'homme, le premier souffle du temps, tout
au long de ses habitudes domestiques est montrée ; Une grandeur douce
subtilement travaillée Avec une pensée pittoresque et enfantine.

Elle s'assoit en musique : les doigts tombent,
l'Air tremble ; sa voix élevée Fait réjouir l'espoir flatté, Et frissonnant à
travers le voile fantôme du Temps, Ses déchirures vacillantes affichent une
sombre splendeur , au loin ;

Où sa perfection, couronnée de gloire,
Restera dans l'amour pour toujours ; Quand les systèmes mortels se
séparent, et que l'univers éclipsé est noyé, laissant les cieux vides Le vide
des yeux fermés par la mort.

Au plus profond de cette vérité, j'enracine ma confiance ;
Et connais les louanges de la chère, Ses manières muettes et gracieuses,
Quand toute sa beauté est poussière Et que les mousses élèvent son nom,
Béniront notre monde de la même manière.

Comme le parfum des fleurs est née sa valeur
Sa joyeuse bonté s'est répandue Comme une musique au-dessus de la tête ,
Elle sourit maintenant comme sourit une plaine de maïs
Quand dans les vents de juin,
Éclairée par un midi brillant.

Un trou de soleil dans la tempête ;
Une fleur avant le printemps ; Chuchotement immortel ; un esprit

manifesté à travers une forme que nous pouvons toucher et embrasser, —
pour la vie une telle beauté est.

Ah ! qui peut douter, même s'il peut douter que
notre solide terre aura un avenir autour du soleil, cette douce impulsion
émise ne peut jamais échouer ou mourir, mais palpite éternellement !

VII. SON OMBRE.

A l'heure du matin où les lianes s'entrelacent
Nous nous promenions lentement, car nous aimions l'endroit, Et parlions
des choses passagères ; Moi, heureux de tracer à travers le mimétisme
feuillu les vraies feuilles faites, la majesté et la beauté de son ombre ;

Un flottement de violets étranges vaguement visibles,
Il assombrissait la lumière de la marguerite, l'éclat de la coupe royale, Et
buvait le soleil du vert vital. Cette ombre silencieuse se déplaçant sur l'herbe
m'a frappé de terreur, elle devrait jamais passer

Et ne sera rien vide dans les années à venir
Où, dans l'ombre terrible de mes peurs, J'ai vu sa forme enveloppée à
travers des larmes floues, La forme enveloppée de ma chérie dans
l'épanouissement de la beauté Née avec une tristesse funèbre à son
tombeau.

"Quel rêve vain", m'écriai-je brusquement :
Ma Dame se tourna, à moitié surprise, à mes côtés, et regarda d'un air
interrogateur : moi, par honte ou par orgueil, plaisantai sur ces mots comme
une moquerie du bon sens, un simple phénomène sans but d'indolence
entretenue.

Elle ne m'a pas pressé; doux, sage et gentil !
Mais il m'a serré la main et a parlé : son esprit radieux, rayonnant de
luminosité, tout ce qu'il touchait. Derrière,
son ombre est tombée oubliée, alors qu'elle et moi
rentrions chez nous en réfléchissant, souriant au ciel.

Dans les pâturages et dans les champs où le maïs poussait fort ;
Par des nids de chalets qui ne pouvaient pas abriter de tort ;
De l'autre côté du pont où riait le ruisseau ; le long de la route menant à son
manoir à pignons, vieux, grand et spacieux, dans un bois massif.

Nous flânâmes vers le porche ; mais s'arrêta pendant ce temps
Où Psyché tient un cadran pour séduire les heures de soleil par son sourire
doré; Et le tient comme un gobelet rempli de vin, Presque vêtu de traînées
d'églantines enchevêtrées.

Dans la profonde paix qui brillait autour de
moi, mon âme était apaisée : aucune vision sombre ne fronçait les sourcils
devant ma vue alors qu'elle était jetée sur le sol Où reposaient les ombres
de Psyché et de Ma Dame, Grâces jumelles sur le chemin de gravier bordé
de fleurs.

J'aspirais alors seulement au pouvoir glorieux de Titien,
afin qu'en travaillant une heure dévouée, je puisse arrêter la marche du
temps et laisser une dot de riches délices de cette beauté que je pouvais
voir, pour s'élargir aux générations à venir.

VIII. SON JARDIN.

Le vent qui n'est bon ni pour l'homme ni pour la bête,
incessant depuis des semaines depuis l'Est dévastateur, a conduit l'obscurité
et les ravages à travers la terre et a cessé. Lorsqu'il se balançait doucement
sur les vastes mers de l'Atlantique, la brise douce et rosée coulait la brise de
l'Ouest.

En m'avançant, je sentais avec une vague inquiétude,
plus proche que d'habitude sa pression sur mon bras, tandis que, dans l'air
parfumé du matin, nous cherchions quel mal le vent d'est, malgré la
croissance du jardin, avait causé à la croissance du jardin; où beaucoup
gisaient morts ou languissaient bas à cause de la sécheresse.

Son propre parterre était délimité par un
vieux mur de briques rouges à contreforts, brodé de mousse ; où poussait
des parcelles rose moyen et azur un lit de lys brillants mélangés dans une
lumière merveilleuse ; elle les appelait « Esprits radieux vêtus de blanc ».

Ici, le vent fou s'était déchaîné et avait jeté
au loin des amas de pétales enneigés, violemment soufflés. Les tiges en tas
tordus : une fleur seule Pourtant suspendue et allumée les déchets, la
dernière fleur née Parmi ses parents tombés et abandonnés.

« Ton affaissement pâle », m'écriai-je, « mais plus que tout,
ta douceur solitaire prend mon âme en esclavage, ô Séraphin Lily Blanch ! si
majestueusement grande : adorée par les violettes, regardée par la rose, bien
aimée par chaque fleur douce qui souffle ! »

Ma Dame, semblable à une colombe, s'est dirigée vers le lys,
a pris une tasse dans ses paumes courbées et s'est penchée en avant,
drainant profondément vers l'or son parfum de rêve. Je la vois maintenant,
beauté pâle, alors qu'elle se penche, la fleur usée par le vent reposant dans
ses mains. !

Puis se levant lentement, elle regarda en transe
Effrayée, longtemps penchée sur le vide. Un regard

de splendeur froide teinta son visage
et dit la triste vérité, que le stress du temps maussade avait fait tomber ses
lys et Ma Dame ensemble.

IX. SONNERIE.

« Faible, mais de bonne humeur », disait la lettre :
Une cloche sonnait, tandis que je lisais ces mots : Une sombre convocation
sépulcrale pour les morts. La peur grandissait à chaque pas que je faisais,
me dépêchant sur cette route sans fin.

Et quand j'arrivai à la maison, une terreur vint
qui fit naître en moi un sentiment caché de blâme, et en entrant j'osai à
peine prononcer son nom, qui gisait, douce chanteuse, gazouillant des
rimes basses que je lui avais faites il y a longtemps.

"Le soleil exhale la rosée du matin,
La rosée revient À la veille d'une pluie rafraîchissante : Les fleurs de la forêt
s'épanouissent courageusement à nouveau, Elles fanent et meurent, Les
graines qui se trouvent en elles fleuriront pendant que les autres soufflent."

« Et erraient toujours parmi les fleurs
Des enfants brillants qui , bientôt ,
Sont des hommes et des femmes forts : Quand ils traversent le soleil et les
averses, Et regardant de côté regardent Leurs enfants courir pour attraper
Un arc-en-ciel avec les Heures riantes. »

J'ai regardé pendant un moment avec un émerveillement maladroit
Alors qu'elle était là, apathique, et chantait ma comptine, Enveloppée dans
des tissus d'un climat indien, Elle semblait un oiseau de paradis languissant
depuis les cieux traversés.

Un pic enneigé à l'aube son sourire. . . Étrange, je
devrais m'attarder près de sa grâce avec admiration, quand l'amour alarmait
et défiait la sympathie, annoncé dans des frissons de peur rampante. Le
danger menaçait sûrement à proximité .

J'ai hésité à chercher l'abîme
par lequel je me sentais bâillé ; dont le bord des fleurs voluptueuses
ceintureAvec des teintes éblouissantes :— elle parle ! Je tombe et fond,
Un moment sacré appelé au repos, Pleurant profondément dans sa poitrine
:

Dans le trésor palpitant pleuré ? Mais brèves,
ces larmes de soulagement profond et béni, qui ont gagné une rançon
triomphale de mon chagrin, tout en aimant les paroles et le réconfort, elle
m'a soufflé des tons angéliques.

Nos visions se sont rencontrées, quand avec pitié elle a jeté
ses bras passionnés autour de moi, des baisers s'accrochaient, des baisers
serrés, des baisers étouffants ; jusqu'à ce que chacun se torde, avec des
bouches soudées, le bonheur de l'autre s'exprime dans un long baiser
soupirant.

La fleur d'amour qui éclate en baisers et en larmes douces,
Dispersant ses flocons de rêve rosés , disparaît
Dans la froide vérité : car, bruyante de moqueries effrontées, Cette cloche
qui sonne dans mon cerveau, Me frappe, répugnant, à nouveau sur terre :

Où, regardant l'état menacé de mon Amour,
Forgé par une vive angoisse folle, j'ai frappé le destin, Me prosternant d'un
air moqueur dans le sport ou la haine
Les aspirations, sombre, que nous
chérissons et décidons d'être.

Elle parla, mais s'arrêta brusquement ; puis, alors que sa zone se
serrait, les mains d'une dame se fermaient, les propres de Ma Dame
pressées sur son côté cédant ; son ton solennel et son visage impatient
m'ont imploré de m'agenouiller là où elle adorait.

Malgré sa douleur, avec une tendre phrase de femme,
elle m'a réconforté, dont le rôle était de relever de nouveau la joie à son
regard affaibli, et sagement, dans la fermeté de l'homme, être un arbre pour
ma vigne tombante.

Mais non; enfoncé, diminué, minuscule et mesquin, assis à côté de
son canapé, j'étais assis, j'ai vu ses yeux s'écarquiller avec crainte, et j'ai
entendu sa voix bouger comme la marée d'une musique régulière, riche et
calme, dans un psaume de haute cathédrale.

Puis, alors que ce haut psaume de la cathédrale déborde
des allées sombres et voûtées et grandit lentement, un éclat d'harmonie que
l'auditeur connaît, sa voix assaillie par la rage, et j'ai pris sa signification avec
étonnement.

« Ah, arrêtez-vous d'effroi, avant de vous lancer en toute hâte sur
les voies du destin ; car comment peut-on retracer ceux qui reposent dans la
vie Tout-Puissant ? Ou l'âme limitée d'un atome cultivé sur terre Saisir le
tout universel ?

« Plus il s'irrite, plus ses ficelles sont fortes.
Le malheureux captif enfermé dans les murs du donjon, Et combattant les
chaînes et les pierres, il combat les chutes. Cette immolation inutile ne
touchera pas non plus sa haute position de vainqueur.

« Malheur au pervers qui, faible et aveugle,
refusant par orgueil de voir, trouvera que le lourd roulement des
circonstances écrasera ses pas ; et s'il ne se retourne pas, il devra
le meurtrir et l'écraser en poussière.

« Nous sommes au Seigneur, pas à nous, chantent ses anges ;
Ainsi, vous, les miens, inclinez-vous docilement devant votre roi,
et en luttant dur et longtemps, sa grâce vous apportera :
sa voix criera à travers la bataille, quand la lutte fera rage.

Elle s'arrêta, flottant pendant un moment : pendant un moment son zèle
grandissant,
toute parole était submergée par un appel muet : j'ai ressenti ce que
ressentent les hommes tombés au combat, quand l'épée de leur chef,
comme une pierre précieuse, ne pointe pas vers la gloire pour eux.

« Quand le ciel nu est azur à vos yeux,
et que la lumière brille partout, vous pouvez être sage ; mais, quand ses
tempêtes se lèvent en commun, le vent pour vous ne fait que sangloter et
s'affliger, gémissant avec les feuilles ruisselantes.

« La rouille mange l'acier, les mites corrompent le tissu,
et les doutes maussades détruisent l'âme qui est réticente à lutter pour le
devoir, fusionnée dans une paresse honteuse, et laisse un misérable fatigué
et abandonné, pendant que les hommes récoltent le maïs moelleux.

« Ce n'est pas à l'homme de rêver dans un doux repos ;
Il peine et murmure, tandis qu'il s'interroge, Pauvre scintillement changeant
sur le ruisseau qui coule Par intervalles, rugissement énorme et solennel,
Toujours sans rivage.

« La plantule qui pousse dans l'obscurité produit des embruns ;
À travers l'obscurité chargée, on aspire faiblement à quelque rayon de
générosité dorée du jour extérieur qui brille éternellement sublime sur les
particules dansantes du temps.

La musique s'est arrêtée et s'est transformée en un sourire
de tendresse, qu'elle a imprimé pour me tromper sa douleur : j'ai regardé
pendant un moment l'Échappé, qui voit des arcs-en-ciel jumeaux briller sur
son navire naufragé englouti dans la saumure.

Mon âme perdue a sombré dans des mers silencieuses
Jusqu'à des tas de ruines baignées de lies anciennes
De richesse : près d'arbres océaniques doux et prodigieux ; Par des ancres
forgées dans les premiers temps, Changées en traînées de bave rouillée :

Là où, ce qui semblait être un tombeau, dans cet enfer profond
de la nuit, portait un nom obscur que j'ai peur de dire : Et là j'entendis

sonner une cloche gigantesque, dont le tonnerre riant dans mon cerveau se moquait de nouveau de ma chair.

Ici tout était plus vide que l'ombre vide
De la brume avant que la lune de minuit ne se dégrade : Ici la vie était étrange comme la mort, et plus consternée Mon esprit, maintenant à peine conscient, me pressait encore de me supplier.

« C'est la vie dans la vie de savoir que le roi est juste,
et qu'il n'animera pas sa poussière impuissante avec un feu inextinguible dont l'ardeur doit
accomplir des actes majestueux qui soulèvent des cris de louange universels
:

« Des cris d'acclamation qui se rassemblent en histoire,
Chantés par quelqu'un sur un haut promontoire Qui rayonnant dans la gloire de l'aube qui avance, Au loin sur la foule qui écoute Brille à travers des bandes de nuages persistants :

« Et enflamme, par ce qu'il chante, la noble querelle
Avec des instincts plus grossiers, la multitude chargée, Qui grandit en humeur et en similitude À ces grandes âmes dont les victoires Triomphent encore dans les mélodies :

"Ce feu ne sera pas accordé à la détresse,
Pour échouer dans les cendres froides et mortes et l'amertume : Il n'accordera pas le véritable amour qui aspire à bénir le monde, afin qu'il puisse seulement soupirer de nouveau en lui-même et mourir."

Les mots ici hésitants sombrèrent jusqu'à devenir sourds :
Son âme murmurait pour elle-même seule Sur une vaste désolation, sombre, inconnue ; Dont les limites, étendues à la vue des mortels, Touchent les heureuses collines de lumière.

« Moi, travaillant dur à la tâche qui m'est assignée, je suis soudainement
rappelé de mon travail : le roi rappelle sa servante ; et elle-même l'oint avec soumission, pour aller là où il le fixe.

« Les gerbes sont récoltées maintenant, son travail est terminé,
le jour décline et elle doit s'en aller, pour se plier devant le Saint, et accepter strictement ce qui lui a été assigné dans
ses actes. »

Un silence de mort, plus que si un coup de tonnerre
avait frappé l'air de l'été, mes sens se sont réveillés pour une appréhension soudaine : durement le joug de la misère était à moi de porter ; Fou de colère, dans mon désespoir

J'y suis allé et, m'appuyant au treillis, j'ai réfléchi
à mon malheur incommensurable ; accusé le Roi du Ciel qui, comme un roi
terrestre, avait abusé de son pouvoir tout-puissant et lancé des malédictions
diffusées sur le monde.

Puis, jetant un coup d'œil vers son danger, il pensa : « Une cellule
de vapeurs nocives cette vie ennuyeuse ; aussi
Elle devrait s'échapper : si pure ! elle pouvait à peine habiter avec des
créatures pécheresses qui trébuchaient toujours
et prenaient la tache d'argile

« Mais je suis indigne ! Comment, en conscience, je...
Comment pourrais-je risquer d'être guidé sur le chemin froid et élevé de
son devoir menant au ciel ! Autant tenir une torche pour allumer une étoile
Brillante, mystique, nébulaire.

« Elle aspire à bénir le monde : juste de l'amour pour tous.
Meilleures émissions amoureuses pour un ; l'amour ne peut pas tomber
comme le soleil sur la moitié de cette boule merveilleuse, mais ses
impulsions aspirent à bénir le monde entier. Étrange tendresse !

Cette moquerie honteuse de moi seul
fut interrompue par un gémissement sanglotant qui m'amena à son
carrosse, où mon propre Sweet Love gisait évanoui d'un blanc cendré, les
paupières se fermant à cause de la lumière.

Ah, moi grossier, dur, amer, brutal ! Une bête
dans une passion, voire bien pire que celle-là, pour se régaler d'une colère
sans fondement contre celle dont la moindre
parole égarée était gentille ; sa nourriture quotidienne Intérêt pour le bien
d'autrui.

Ma passion alors, comme un cheval indiscipliné
arrêté par la main d'un maître, s'est relâchée ; sa force m'énerve et m'étouffe
de chauds remords ; Effrayé, désespéré, « Amour », m'écriai-je, follement
occupé à ses côtés ;

Et il l'embrassa et lui frotta le front ; Je lui ai irrité la main ;
Audacieuse, prise par la peur, elle relâcha le bandeau qui enserrait sa taille
tendre et scruta attentivement chaque trait, jusqu'à ce que ses yeux ouverts
rencontrent les miens avec une vive surprise.

« Ah toi ! J'ai eu de toi passé et le monde
à travers rien sans fin j'ai été brutalement jeté tandis que tu étais là là-haut,
ta lèvre fière retroussée, me regardant avec une haine perçante pleurant je
méritais mon sort.

Nous nous sommes rencontrés, comme lorsque les eaux se rencontrent
dans un choc prolongé et continu, et en marmonnant, une douce confusion
mélangée dans une unité complète afin que le temps changeant ne puisse
pas se séparer ; Un amoureux et un pour toujours.

Purgé par le remords, l'amour a resserré mes forces ; et maintenant
vint un pouvoir gracieux pour apaiser sur son front ces vagues troublées
d'un sous-courant sombre ; Son âme victorieuse de la douleur Parla à
nouveau avec des sourires dorés.

Nous nous sommes assis et avons lu comment Prospero a mis fin à son
conflit
avec le mal, a exercé son charme et a couronné sa vie en faisant de deux
êtres justes un homme et une femme : du
sort heureux
du brave comte Gismond ; Et la Dame de Shalott.

Nous avons arrêté ; car Eve était venue furtivement et sombrement.
J'ai vu, en la soulevant, comme une santé cramoisieBrûler dans ses joues,
tenant devant moi la richesse pondérée De tous les mondes du ciel ; Je l'ai
tenue longtemps, longtemps, avec persistance :

Et déposer plus que ma vie, son poids ;
À peine embrassa-t-elle ses mains pâles, puis quitta-t-elle avec une grande
réticence, de mauvais augure , son état placide ;
Mais, avant que mes pas lents n'atteignent la porte, je me tournai et je
regardai encore une dernière fois,

Et, stupéfaite, je vis un métier magistral
De ses grands yeux pleins de regard à travers l'obscurité, l'Amour
sombrement marié au destin éternel, Alors qu'elle regardait d'entre les
morts : Tombant à ses pieds, je dis :

« Bénis-moi, cher Amour, bénis-moi avant de partir ;
Avec amour, devinez un rayon de réconfort, lancez-le, pour me guider et
me soutenir, afin que, malgré le malheur, je sois élevé et purifié dans la
grâce, digne de voir ton visage.

Elle baissa la tête avec une tendresse majestueuse
et murmura tandis que ses mains appuyaient sur mon front : "Je prie pour
qu'Il bénisse votre esprit solitaire, et si mon destin est de vous quitter, priez
pour moi pendant que j'attends."

Un pincement inutile en elle pour ne plus se réveiller,
je me suis forcé à m'éloigner, et n'ai pas osé jeter un autre regard pour
l'amour de son bien-aimé ;

Mon visage parlait du cœur gonflé et en détresse qui travaillait dans ma poitrine.

Quand j'étais dans l'air extérieur, je me sentais comme si j'étais fraîchement sorti d'un rêve dans lequel le soleil mourant avait laissé la terre dans un état sombre et sombre d'anéantissement. L'engoulevent Seulement faisait vibrer l'air au loin :

Aucun autre bruit n'était là : une brise sourde se glissait dans les buissons et faisait frémir les arbres, puis cherchait la
vapeur fantomatique des feuilles,
où une longue nappe de nuages lugubres enveloppait la distance dans un linceul.

Un œil solitaire de lumière froide et sévère
Regardait d'un air menaçant au-delà de la hauteur occidentale, Enveloppé dans les ombres finales de la nuit ; Et toute la terre paisible avait dormi Mais cet œil sévère veillait.

J'errais avec lassitude je ne savais où ;
Dans des vallées venteuses qui s'étendent au loin, sombres et nues ; à travers des marécages détrempés par l'air stagnant ; Dans les bois les plus noirs et les ronces ,
Des buissons épineux déchiraient ma chair :

Au milieu du maïs mûrissant, je l'ai entendu soupirer,
Creux et triste, alors que la nuit rampait paresseusement : Creux et tristement soupirait le maïs pendant que je me déplaçais sombrement au milieu, un fléau assombrissant davantage la nuit odieuse.

Mon âme, ses secrets thésaurisés se sont vidés dans
l'obscurité voûtée de la nuit : de vieilles fantaisies brillaient, et consacraient d'anciens espoirs disparus depuis longtemps ; De vieux espoirs qui avaient depuis longtemps cessé de brûler, disparus, pour ne jamais revenir.

Aucune lumière d'étoile ne perçait la voûte dense au-dessus de ma tête ,
Et tout ce que j'aimais était de passer ou de fuir : Ainsi j'ai erré là où le sentier menait ; Et j'ai erré jusqu'à ce que ma propre demeure Spectral pâle s'élève de la route.

À l'heure où j'ai gagné ma maison, j'ai vu le matin
se faire faiblement sur l'Est maussade. Fatigué, je suis entré dans la maison aux échos désespérés, Mal au cœur et fatigué, j'ai cherché ma chambre, Mieux vaut que ce soit mon tombeau.

Je m'allongeais, et à chaque fois que mes paupières se fermaient
Dans un oubli sourd jusqu'à une somnolence somnolente, des sons

solitaires de repos fantôme sonnaient effrayés ; Jusqu'à ce que la nature fatiguée, douloureusement opprimée, coule lentement et se repose.

X. WILL-O'-THE-WISP.

« Fini la maladie, j'ai fui la douleur,
la santé revient d'un bond, et tous mes pouls frémissent de plaisir. Ensemble, quelle chose agréable De se promener pendant que les merles chantent, Et que les pâturages brillent de rosée !

« Bientôt viendra le temps clair du printemps,
Main dans la main nous errerons ensemble, Et main dans la main nous parlerons des printemps à venir ; Comme le matin où tu jouais au nécromancien avec mon ombre, dans une ombre insensée, regardant sombrement muet.

"Rejetez ces soucis nuageux,
Ou, je le jure, dans mon parterre, Vous n'entrerez pas quand les lys soufflent, Et j'y vais pour me tenir debout et chanter des chansons à l'anneau merveilleux d'un blanc céleste ; Monsieur le futur sorcier au front froissé. ! »

XI. DONNÉ SUR.

Les savants disent qu'elle doit
bientôt disparaître et être comme si elle n'avait pas été. Pour satisfaire la convoitise stérile de la mort, on voit les roses sur ses joues rougir si brillamment, fleurir plus profondément en damasquinage.

Tout espoir et tout doute, toutes les craintes sont vains :
les rêves que j'ai nourris de l' honorer sont passés,
et ne me réconforteront plus. Je vois un soleil sinistre jeter sa dernière lueur sauvage à travers la terre dont les ombres s'allongent rapidement.

Cela ne semble plus si terrible maintenant.
L'horreur apparaît nue, austère et immobile : je suis tout à fait calme et je me demande comment ma terreur a fait des farces aussi folles à ma volonté. Les vents du nord soufflent avec violence, je ne les sens pas refroidir.

Toutes choses doivent mourir : j'ai lu quelque part
Ce que les hommes sages et solennels prononcent de joie ; A peine né, disent-ils, que mort : Le conflit de l'être, mais un jouet tourbillonnant Fredonnant un gémissement las poussé par un garçon capricieux.

Mon âme a-t-elle atteint une hauteur étoilée
Majestueusement calme ? Aucun monstre, triste et informe, ne me regarde faiblement la nuit; je ne suis pas au soleil vérifié par peurCette chose monstrueuse et informe est quelque part accroupie près ?

Non; Pauvre de moi! bien autrement :
l'horreur nue m'engourdit jusqu'aux os ; Dans la stupeur, calmez ses yeux
froids et vides. Fixez-vous durement sur les miens. Je ne tombe pas et ne
gémis pas, le visage de notre île Gorgone m'avait transformé en pierre.

XII. TEMPÊTE.

S'épaississant maintenant autour du ciel rétréci et sans fondement,
des vapeurs maussades rampent
en masses, dégringolent lourdement et sinistrement dans un étalement
géant, qui étouffent la hauteur
mouchetée du ciel en forme de dôme et se forment comme des armées
mortelles rangées pour le combat.

Cette obscurité légère s'étend de manière épouvantable sur le pays ;
Les moutons se pressent ; et les troupeaux se rassemblent, hurlent
pitoyablement fades. Les oiseaux sont silencieux Dans les arbres
fantomatiques qui ne frémissent pas un bruit : Et les feuilles pourries
tombent droit sur le sol.

Un ton monotone et tristement solennel s'écoule,
Entendu à travers un silence haletant, Des torrents gonflés sifflant au loin
en gémissements somptueux, Écumant d'une fuite en avant, Sanglotant en
protestant, vers l'anéantissement, Leur lamentation solitaire et lugubre.

Cette obscurité a enlevé tout intérêt à la scène,
Maintenant changé en gris courroucé : Les choses familières, qu'avait été
cette plaine dévisageante, S'effacent dans les brumes : En embuscade,
guettant depuis son antre orageux, Un danger planant charge l'air stagnant.

Cela ne sert à rien, je peux savoir
que la loi électrique par laquelle l'éblouissement irrégulier et le coup de
tonnerre attirent l'impulsion latente ; mon danger n'en est pas moins
moindre. Ha! cet éclair annonce dans le feu le prochain coup de tonnerre.

Mais quel souci je pensais que les déluges déversaient
la terre battue dans la boue, Même si le ciel se brisant avec le rugissement
du tonnerre Brûlait maintenant dans le feu,
Même si chaque planète fondue de sa place Doit s'écouler perdue à travers
l'espace éternel ;

Car cette perspective vide, vide de tout sauf de l'effroi,
Vide comme n'importe quel tombeau, Mon âme est partie ; et près d'un lit
solitaire,

dans la chambre d'une jeune fille malade,
est suspendu là, attendant son souffle d'adieu, la voix silencieuse du
malheur, le coup de la mort.

PARTIE LA DEUXIÈME.

I. MA DAME DANS LA MORT.

Tout n'est qu'un spectacle coloré . Je regarde
la lumière verte répandue par les feuilles au-dessus de ma tête, et je sens que
sa valeur la plus intime a abandonné mon être, quand elle est morte. Ce
cœur, maintenant chaud et séché, s'arrête, comme le cours desséché où
coulait habituellement un ruisseau au milieu des fleurs, parce que sa vie
n'est plus que des histoires dans un livre imprimé.

L'herbe s'épaissit fièrement sur ce sein,
Argile froide et tristement immobile, Mon visage heureux ressentait un
frisson. Combien sa chère, chère bouche exprimait ! Et maintenant sont
fermées et posées Les lèvres que les miennes ont rencontrées ! Ses
paupières pressées par la terre humide ! La terre humide lui pèse sur les
yeux ; La terre humide ferme le ciel. Ma Dame repose sur son lourd, lourd
repos.

Pour voir sa haute perfection balayer
la terre
favorisée , alors qu'elle m'a rencontré avec ses paumes accueillantes !
Comment puis-je ne pas me souvenir et pleurer ? Le charme léger de ses
mains était tel que Care disparaissait à leur contact. Ses pieds épargnaient
les petites choses qui rampent ;
« Car les étoiles ne sont pas », disait-elle,
« plus merveilleuses qu'elles. » Et maintenant elle dort de son sommeil
lourd, lourd.

L'espoir immortel brillait sur ce front,
Au-dessus duquel les formes décroissantes vont doucement de vrais vers.
Ce fut sûrement un coup cruel qui a coupé la vie de mon chéri nettement,
comme avec un couteau; je déteste le mien qui me laisse grandir Comme
pousse une racine amère
D'où vient le rang les poisons jaillissent
sur la tombe où elle repose.

Ah, malheureux sort ! Serait-il juste
que sa jeune vie se déroule de sa manière facile et naturelle ; puis, avec une
poussée inattendue, soit donc ainsi grossièrement envoyée ; Même si ses
sentiments se confondaient
avec ceux qui l'entouraient, dont l'amour ferait confiance à son pouvoir
volontaire pour bénir, pour tout leur bonheur ? Seule, elle se transforme en
poussière commune.

Les petits oiseaux gazouillent et picorent les mauvaises herbes
Qui ondulent au-dessus de ce lit Où mon cher Amour gît mort : Ils palpitent et font éclater les graines
globulées , Et battent au large l'orgueil duveteux Des pissenlits : De l'herbe verte , courbée de perles aqueuses,
L'union humide, coule Les pointes brillent : lors de la floraison de la mauve, l'abeille sauvage tombe et se nourrit.

Elle n'entend plus, là où les vignes ornent
sa fenêtre, sur les branches les oiseaux gazouillent et s'excitent : les mouches, bourdonnantes, se renforçant avec le matin, elle n'entendra plus frapper au hasard la vitre : sa robe ne sera plus contre les bords d'herbe nouvellement tondus. Dans des vagues ludiques, alors qu'elle s'avance pour voir quelles fleurs naissent.

Ne réfléchissez pas davantage à ces anneaux vert foncé
tachés de façon pittoresque sur la feuille, pour imaginer la joie des elfes ; tandis qu'à travers l'herbe un léger air chante, et des essaims d' insectes se délectent
le long du niveau sensuel : plus personne ne regardera leurs ailes brillantes, maintenant légèrement tremper, maintenant envolez-vous,
puis coulez et remontez une fois de plus.
La mort de My Lady rend chères ces choses insignifiantes.

Un midi, dans la large ombre d'un chêne,
Perdus dans de délicieuses conversations, Nous nous sommes reposés de notre promenade. Au-delà de l'ombre, grandes et posées, Les vaches mâchaient avec des yeux somnolents Leur rumination avec complaisance : Des cerfs élégants marchaient au-dessus de la clairière, Ou se tenaient avec de larges yeux brillants regardant une courte surprise; et sur la pente de fougère, des conies agiles ont joué.

Tandis que les tours croassent en luttant contre la chaleur ;
Chaque battement d'aile semblait faire mal à leurs corps fatigués; et les hirondelles, bien que si sauvagement rapides, y faisaient des pauses essoufflées à quelque chose dans l' air
. sa bouche jusqu'à ses pieds.

Puis, alors que je sentais son sein se soulever
et que j'écoutais le vacarme de la vie joyeuse intérieure, pourrais-je, mais dans mon ciel, croire, assuré par ce repos dans mon cœur et ces bras chauds autour de mon cou ! Tandis qu'Eve, dans un silence obscur, venait Et éteignait la flamme occidentale, qui s'attardait autour d'elle comme si elle répugnait à partir.

Puis je me suis dit à voix basse
que le temps approchait, quand le joyeux carillon et le carillon de la bague
de mariage devraient faire connaître, dans des fracas dans l'air, avec
exultation, nous étions par un rite solennel l'un pour l'autre : et elle,
confiante, douce,
contre la mienne pressait sa joue,
Et a répondu seul en larmes de joie.

Nous n'avons pas prêté attention au temps, car
ces cloches tintantes nous avaient tout à fait absorbés dans le délice. Un
bonheur si parfait effraie le pouls et le souffle défaillants, comme le destin
muet de la mort : puis, dans une pause instantanée, a flashé sur mon œil
vide une éternité rapide. ;Et commençant, comme saisi par des griffes de
démon,

Réveillé d'un évanouissement vertigineux,
j'ai ressenti des peurs épouvantables avec des bourdonnements d'oreilles,
et je me suis demandé pourquoi la lune éblouissante tournait autour du
dôme de la nuit avec une puissance si prodigieuse. Vint ensuite, comme l'air
doux de juin, un suspense calme et perfide qui engendra un sens répugnant,
un mal sans nom nous submergerait bientôt.

Elle est décédée comme des fleurs d'été.
Son aspect et sa voix ne se réjouiront plus jamais, car elle reste silencieuse
dans une froide décadence. J'ai brisé le bol d'or qui contenait son âme
sainte : C'était une vaine vantardise de dire :
« Nos âmes sont pareilles »,
et cela me fait honte maintenant : Son esprit s'est envolé, et le mien n'a pas
obéi.

La vérité noire, avec un trait enflammé,
S'est précipitée à travers ma pensée, Quand je l'ai vue amenée D'où elle
n'est pas partie avec la vie. Sa beauté s'affaissa peu à peu, aiguisée par la
maladie : le lourd affaissement de son cœur suçait les creux de sa joue,
et rendait ses paupières faibles,
bien qu'elles s'ouvraient souvent en grand avec un sursaut soudain.

Le Pouvoir de Mort en silence a emporté
la vie de Ma Dame. J'ai observé, muet de consternation, le choc des frissons
qui frémissaient dans son corps épuisé et ébranlaient le sens de son regard,
à mesure que le moment se rapprochait, se rapprochait. Ô horrible
suspense ! Ô vertigineuse impuissance ! Je vis ses traits se relâcher et
changer de teinte.

Son regard, agrandi par le destin, était jeté
là où mes agonies muettes rendaient plus tristes ses yeux tristes : son souffle

était coupé avec des pincements courts et rapides, puis une tension chaude et étouffante ; Elle n'a plus jamais respiré. J'ai eu le regard qui fut son dernier : Son amour, quand le souffle s'était éteint, Un moment persistant brillait, Puis se referma lentement, et l'espoir pour toujours disparu.

Un terrible tremblement parcourut l'espace
Quand pour la première fois le triste péage retentit pour l'âme de Ma Dame. Le monde brillant était l'enfer ; sa grâce Seulement la lueur flatteuse Et la moquerie d'un rêve : L'oubli m'a frappé comme une masse, Et comme un arbre taillé je suis tombé, dans un évanouissement mort, Et je suis resté longtemps froid sur mon visage.

La terre avait fait un quart de tour avant que
mon misérable destin ne s'écrase de tout son poids. Mes sens revinrent ; et, frissonnant, j'éprouvais une douleur à supporter l'éclat cruel et aigu du soleil, qui ne brillait plus aussi chaud qu'avant ; Et jamais plus ses rayons Ne satisferont mon regard :
Plus rien ; pas plus; Oh, plus jamais.

II. RÊVE.

Que murmures-tu humblement à ton bébé,
ô pâle jeune fille-mère, aux paupières de Madone baissées ? Pourquoi serres -tu si près sa
joue pâle de Géranium contre ta poitrine encore plus blanche ? Ah, sans doute doux ; le sentir tirer le ruisseau qui remplit de force ses membres de lys ! Et rit de ton propre cœur avec son rire profondément fosseté, Répondant directement au contact de ton doigt délicat ? Et comprend- il ce gémissement murmurant,
Avec lequel tu le fais taire , en le tapotant pour qu'il se repose ?

Quelles visions charment ton regard, qui repose maintenant largement dans un doux contenu installé ? Regarde ton
bébé, maintenant né en homme, parcourant les pentes
ensoleillées avec une personne plus belle que les visions ; belle comme la vérité, ô Amour, quand tu me souris ? Ou le vois- tu encore plus grand en puissance,
et robuste d'action marchant vers ce drapeau
aux couleurs changeantes, dont les crêtes ondulantes Les hauteurs étincelantes de la renommée, pour lesquelles les hommes haletent ; Ignorant là quelles tempêtes font rage et balayent ; Hélas ; quel rêve a fait que ce voile d'eau cache la lumière de ton œil à la mienne ; même comme un brouillard Passant entre moi et une lune de récolte ! Et d'où vient ce mur d'ombre qui détourne mon regard ? Pourquoi te fanes -tu toi-même dans le brouillard, ô Amour ?

Où s'est enfui ton enfant, et où es-tu ? Où suis-je ? Est-ce la vie, un rêve, ou
la mort ?

Ah moi ; hélas, cette misère écrasante !
Et je suis un imbécile plus vain que celui qui aspire à s'accrocher aux arcs-
en-ciel qui traversent le ciel ! Ah, l'espoir est malade ! Mon esprit égaré Par
la sirène, l'espoir dérive durement par un sombre destin : Et l'espoir
alternant le désespoir a mêlé Ma vie si longtemps à la mort charnelle , que je
peux à peine résoudre le présent de mon passé, Ni ce qui aurait pu être
autrefois de ce qui est maintenant.

Ah, mon cher ! ne reverrai-je
plus jamais ton visage : jamais ; plus jamais ?
Je sais que cette imagination n'était que néant, et qu'elle
était née d'une espérance passée : je sais que ta forme terrestre est en train
de moisir dans son tombeau ; mais pourtant, ô Amour,
ton esprit doit demeurer quelque part dans ce désert de mondes, qui remplit
les cieux immenses de lumière et de mouvement ; qui ne pourrait jamais
mourir ; et ne garantiras-tu pas un regard rayonnant pour soulager un cœur
solitaire qui bat de douleur pour la perte de toi, et seulement de toi, ô
amour ? Ou as-tu trouvé dans cette vie pure que tu vis,
mon âme était un choix indigne pour toi ,Et donc ne compte pas son
désespoir ?
Et pourtant, oui, en vérité, ton amour était vrai ; je ne te ferais pas de tort
avec une autre pensée : je n'entrerais pas par les portes du ciel en pensant
autre chose que que ton amour était vrai. Mais je n'obtiens aucune réponse
à mes cris, faisant dans mon âme toute vide et froide, et sans confort. Oui,
vide, comme cette grille, de vie, d'où le feu a bien failli s'enfuir,
ne laissant qu'une laideur et une ruine
chassées ; restez à distance, le plus muet ; bien que parfois éloquent pour
moi ; et où mes images sont accrochées avec d'autres formes ; ,Dormir, pas
rêver – et si je pouvais mourir ?

III. LA VOIX DE MA DAME DU CIEL.

J'étais assis près de sa tombe,
en torpeur, une nuit sombre ; lorsque des tremblements intermittents
ébranlèrent le destin
d'une obscurité froide et léthargique, qui pesait sur ma vue :

Et pendant que j'étais assis et que des vomissements maladifs
troublaient la paresse de mon esprit, un vent vint, soufflé sur les gerbes
lointaines,
qui sifflant déchira et fouetta les feuilles
et fouetta les broussailles :

Il rugissait et hurlait, il faisait rage
avec un but déterminé ; et se levant en trombe dans la nuit, il fit ressortir la
lune qui, comme un cri joyeux, appela le nom de Ma Dame,

Dans une splendeur soudaine sur la pierre.
Puis, l'espace d'un instant, J'ai arraché et entassé mon passé, parsemé
d'espoirs et de baisers, de gémissements luttant, et de douleurs : aussi
soudainement,

Opprimé par un poids écrasant,
l'édifice s'est effondré ; lorsqu'il a été touché, comme par la main du destin,
ma tristesse a disparu. J'ai senti mon état si léger, j'ai sangloté de bonheur.

Les vents violents, passés à chercher du repos,
sont tombés morts. Mon front fiévreux buvait la fraîcheur de l'herbe qu'il
pressait ; et dans ma poitrine désolée un changement commençait à se
produire,

Tandis que je sentais ces larmes s'écouler lentement
La charge de chagrin qui avait en moi une malédiction paresseuse reposait,
Sauf lorsque le souvenir a travaillé mon cerveau Pour des moments vifs et
fous.

Mes larmes, comme les trésors d'une épave
qui dormait dans l'océan, se rétablissaient, coulaient sans contrôle ; et la
terre était le cou de ma bonne mère auquel je m'accrochais et pleurais.

Je me levai enfin et sentis un
poids mort dense et engourdi. Et maintenant, l'air de la nuit restait dans un
profond suspense ! Un silence chantant qui pressait mes sens et
m'étourdissait comme un coup :

À travers mes paupières serrées, l'air vivant
Dans des anneaux d'or et de pourpre
Dansait musicalement autour de moi,
La lumière qu'il contenait palpitait avec l'éclat Et le battement d'ailes
rapides.

Je n'osais pas lever les yeux ;
Ma Dame rayonnait sur moi Dans la sérénité fixe de son regard, Et étaient
ce qu'étaient les vieux jours ensoleillés Dans l'enfance.

Un laps de temps haletant ; et j'ai été tourbillonné
autour du faible vide de l'espace ; dans des cercles vertigineux énormément
lancés, j'ai vu le monde constellé avec chaque étreinte d'orbe,

Vers une prodigieuse lumière de vortex,
faisant tourner un bélier enflammé, puis échouant, frappé par une nuit

soudaine; lorsqu'il fut basculé avec une puissance précipitée, le contact de la
Terre a secoué mon cerveau.

Le bruit muet dans mes oreilles fut éclaté
par sa voix sinistre ; aussi doux que la mort pour un maudit, comme pour
un presque aveugle de soif le bruit d'une eau courante.

Sa voix dans quelque étoile translucide,
lointaine, hors de ma vue, chantait merveilleusement loin ;
Et pourtant si étrangement proche des jarres, Comme des jarres à la
lumière trop forte.

Elle a chanté une chanson. Elle gazouillait bas,
elle ne chantait pas avec des mots ; je le sentais briller dans mon esprit, et je
le savais, comme je connais avec joie les cris matinaux des oiseaux.

Mais c'est une tâche difficile que j'entreprends,
Avec une langue mortelle pour atteindre L'expression de mon Amour, et
faire éclater Sa haute signification immortelle À la clarté à travers mon
discours !

Je ne peux pas plus, avec le trope scintillant
Qui court dans les ténèbres, Révéler sa profondeur, qu'ils ne pourraient
l'espérer, Qui, dans leur aveuglement permanent, tâtonnent, Pour chanter
les soleils levants.

« Ou bien, chaque fois que la vie que mon roi m'avait prêtée
fut élevée au repos, il envoya son message par mes lèvres, et sur ton chemin
sa gloire alla te guider vers les bienheureux.

« Mais tu as tourné ton visage et méprisé
sa grâce divine comme si rien n'était ;

« Toi, aveuglément grossier, tu as joué avec l'argile,
et dans l'horrible lueur de l'obscurité du charnier tu as embrassé la
pourriture ; et de nombreuses pleines lunes ont diminué, et t'ont laissé dans
ton rêve.

« Car avec le vêtement mondain de ta Lily,
tu as rempli ta vue ; et le mépris de connaître sa beauté n'était qu'une vaine
vantardise à moins qu'il ne soit rendu vivant par sa volonté.

« Tu ne pleures pas plus l'âme disparue
qui appartenait à mon Seigneur à travers la tienne ; mais plus encore le bol
de plaisir brisé, dont la richesse dorée répandait, une fois entière, sa
splendeur dans ton vin.

« Et c'est pourquoi tu as été fait
pour goûter la coupe de la mort ; et c'est pourquoi la gloire s'est estompée,
de la direction à l'ombre mortelle qui a glacé ton souffle frissonnant.

« Permis, maintenant je viens à toi :
je te préviens de ton péché ; je t'exhorte à purifier ta vue et à libérer ta vue,
afin que ton âme purifiée puisse voir le chemin vers lequel son amour
gagne.

«Son amour incompréhensible
ne s'est jamais détourné du pénitent à qui le mal est arrivé; mais il jaillit
comme un puits du désert
pour le pauvre égaré assoiffé.

« Que celui qui méprise la miséricorde manifestée,
malheureux, prenne garde ! Car celui qui vit seul dans l'orgueil, son orgueil
se durcira jusqu'à devenir une pierre trop grande pour qu'il puisse la porter.

« Et quiconque, après avoir été prévenu ,
   Refuse encore de se retourner,
Derrière son ombre, rétrécie, un spectre poreux sera vu
avec un regard livide et girn .

« Toi qui es troublé, qui pour moi
es la prochaine grâce de mon Seigneur, tourne-toi vers lui, et il sera un
refuge contre ta misère, un sourire sur ton visage !

« Une force juste renforcera ton bras,
et le courage remplira ta poitrine :
et après avoir vaillamment lutté contre le mal, les cris de victoire
charmeront tes yeux mourants pour qu'ils se reposent.

« Et ceux qui sont secourus loueront son nom
qui, travaillant pour eux, est mort. Et, noblement chantée, sa renommée
honnête battra dans les cœurs à naître et réclamera leur amour et leur fierté
reconnaissante.

"Et l'Amour conduira son sacrifice
jusqu'à l'endroit où une rangée brillante se dressera, faisant signe aux
hauteurs du bonheur ; et elle serrera ses mains et embrassera Bienvenue sur
son front."

Je ne savais pas quand le chant avait cessé
de mettre en transe mon âme illuminée, puis de cette longue éclipse libérée.
Mais regardant plein d'espoir vers l'Est, j'ai vu un pôle à l'autre.

L'aube, qui avait commencé à poindre,
Et à travers la vapeur humide brûlait,

Comme dans un visage malade couché bas, La riche incarnadine brillerait,
Quand la vie saine reviendrait.

De petits gazouillis somnolents rencontrèrent la lumière,
Et dans les basses terres, les oiseaux des marais solitaires ont ailé leur vol
brumeux ; à quelle heure Son aspect à ma vue rayonnait de l'étoile du matin.

Cela s'est atténué dans le jour gazouillant ;
Celui-ci, s'élevant féroce et fort, détourna maintenant le regard des ténèbres
occidentales, et alluma un tel retard, que le monde s'éveilla en chantant,

Et des brises fraîches et délicieuses sont venues
Avec des parfums de paradis Si picotant à travers mon cadre tricoté, Que
jamais depuis que j'ai zozoté un nom Je n'ai su qu'une telle joie surgissait.

L'azur était pur au-dessus de notre tête ;
La terre autour était lumineuse ; tandis que, selon ma résolution, je me
nourrissais, et me déplaçais, comme on l'appelait d'entre les morts, en
silence sur le sol.

Vers ma maison, j'ai marché, ravi
d'espoir et d'un plan établi : et respectueux de la volonté du destin, à chaque
pas j'ai foulé mon poids, un homme sobre.

PARTIE TROISIÈME.

I. DES ANNÉES APRÈS.

Notre monde a tourné dix cercles autour de la lumière
Depuis qu'elle a disparu. Dans mon regard impuissant, Pour marquer
l'endroit, était fixée cette pierre sculptée, Brute, criarde, alors impassible et
envahissante, Maintenant s'harmonisant gentiment avec le reste.
Une gerbe de lierre centipède rampe de la mort à la naissance, et atteint son
nom ; avec un contact semblable à celui d'un baiser , ses tendres tracts
sentent
le bord de la lettre , — je peux à peine penser que c'est une chance.

Maintenant, scène par scène, cet étrange passé lointain,
remplissant ma mémoire ouverte, présente tumultueux, comme dans les
rêves, un état épouvantable dans lequel je ne distinguais pas le mensonge de
la vérité ; où l'espoir ascendant frappa l'étoile de l'amour, puis tomba tête
baissée en rampant de désespoir ;
Mais il se releva enfin et suivit le chemin battu. Ces choses sont si obscures
et si lointaines ; si usé et changé,
je sens à peine que je suis celui qui a cherché et gagné son amour. Et est-il
vrai en effet que j'ai absorbé dans les rapports les plus tendres des regards
confiants et des mains jointes confiantes, avec elle j'ai erré au bord de la
rivière; tandis qu'au -dessus de ma tête chantaient des branches
mélodieuses,
dispersant l'or des fleurs éblouies par le coucher du soleil, respirant leur
douceur parfumée de notre chemin. ,Ce scintillement est allé là où, dans les
bois violets, le clocher robuste de l'église a brûlé un mur de feu !

Ai-je, lorsque le silence effrayait les bois d'hiver,
Et que les ombres géantes creusaient le sol gelé, Des troncs et des membres
dont la voûte tenait dans la nuit, Ai-je aimé contempler la lune magique
adulte, J'ai projeté une splendeur scintillante sur la jante argentée ?
Oui; au milieu des notes et de l'émeraude du printemps, avec des ruisseaux
gonflés exultant à travers les champs, et un vent pluvieux qui dans un
rugissement océanique dévalait la forêt au sommet toute la journée, à
travers des lueurs éparses, à travers des vagues aléatoires d'ombre, avec joie
j'ai parcouru les sentiers scintillants .
Oui, c'était moi, dans une brume dorée rêveuse,
je voyais des hommes pauvres travailler dur toutes les heures, et je les
pensais plus heureux que les oiseaux qui chantaient, qui chantaient et trilles
dans des gargouillis de joie.

En traînant, j'ai flâné dans le temps doré
Longtemps après que le rossignol bien-aimé eut cessé de déverser son

impulsion passionnée sur les plaines de maïs frissonnant, maintenant mûri
en

richesse ;
Et, silencieux dans les feuilles sombres, l'air rêveur s'enfla doucement
jusqu'à devenir un murmure et mourut. Avec joie j'errais de butte en butte
Et perdu dans l'émerveillement, je buvais les vents zozotants, Les vents
féeriques qui me zozotaient, tout était bon. quand l'horizon obstrué
s'envolait dans une vapeur sombre remplissant les cieux ;
Mais il se réveilla aussitôt quand une pâleur mortelle, jetée par une dérive
courroucée, plongea tout le pays dans l'obscurité ; quand la guerre, une
guerre énorme, éclata à travers les cieux, en draps, en traînées de feu et en
applaudissements tonitruants, avec choc sur choc, qui écrasa le maïs mûr, et
balaya le entassés au milieu de l'été jusqu'à la ruine. Cela a arraché de grands
bois de mille ans, ébranlant les solides fondations du pays. Et quand enfin
la terrible tempête est tombée, le vaste ciel a été vidé du soleil et des étoiles,
et vide de plus que toute leur lumière. tome.

C'était comme si je m'inquiétais jusqu'à une lassitude creuse
Quand ma douce Colombe du Paradis s'en alla, Ascendant, gardée par la
gloire, au ciel. Puis, me nourrissant du passé et caressant la mort, je
grandissais dans une horreur livide : bientôt j'avais grandi, Par un moi
immonde chancreux , pour une goule charnelle ,
si Dieu Tout-Puissant, miséricordieux en amour, n'avait pas permis sa
propre présence une fois de plus, mystérieuse comme une vision, encore
une fois pour venir un avertissement brillant et révéler sur mon chemin des
gouffres insondables, et allumer l'espoir avec lequel je pourrais encore
gagner les collines qui brillent pour toujours aux bienheureux.

De nombreux efforts ont été les miens depuis que ces événements
ont régi le rythme de ma vie quotidienne : et maintenant ils sont une
chronique vulgaire, et bavardés par les langues les plus grossières. Une
chanson obsédante de vieilles félicités m'a attiré, à peine consciemment, ici
pour méditer sur mes rêves brisés. ; à l'abri des intérêts rugissants de notre
sombre métropole, du cœur battant de l'Angleterre et du monde. Pas vu par
moi, depuis cette merveilleuse nuit, sa consolation est entrée dans mon
âme; sage et pas si triste.

Sa maison était gracieuse et douce !
Riche en observances obligeantes et en hospitalité ancestrale célèbre. Un
repos frais reposait reconnaissant à travers l'endroit;

L'intendant de cette majestueuse maison de campagne
y avait l'air indigène comme le lichen du chêne. Il a d'abord occupé le poste,
chef des soins et de la confiance, ce jour qui a donné naissance à sa petite
maîtresse; et il l'a aimée comme son père aime les siens, la portant aussi cela

vénération que nous ressentons envers ceux qui, nés dans un état plus élevé que le nôtre, assoient leur haute fortune avec une grâce devenant. Son amour, elle le rendait toujours somptueusement, dans une généreuse gratitude pour le service rendu: comme ses yeux gris astucieux brillaient alors, et brillaient la rondeur où son honnête joues jouées à la joie ondulante de sa bouche ! Dans les promenades de l'enfance, c'était surtout lui qu'elle choisissait pour partenaire, malgré les flatteries ; des tilleuls murmurants et mielleux, et sous les ormes, août avec des siècles de force noués et des freux sonores dans leurs hauteurs ombragées. Par les pentes thymiques, jusqu'aux pieds dans l'herbe, ils erraient,
tous deux légèrement bavards, et elle, douce enfant,
fusionnant toute son attention dans la joie, Jusqu'à ce qu'ils se tiennent devant le lac, qui brillait avec des nénuphars, du soleil et des nuages en mouvement. Puis tout droit le carex qui les flanquait et les roseaux éloignés, donnaient des canards bruyants et des oiseaux sauvages et étranges, qui déchiraient dans une course orageuse et éclaboussaient pour casser avec clameur l'émietté. le pain,
Il l'avait fourni sournoisement, en s'amusant : Les cygnes, pendant ce temps, majestueux, gonflés et lents, entraient fièrement en action ; mais hélas, pour un petit résultat ; car, par hasard, le butin, grâce à une escarmouche adroite, est tombé en factures plus méchantes. «Notre pain est tout jeté sur les eaux maintenant, et bien, j'aimerais savoir combien de jours il doit rester là avant qu'il ne soit retrouvé!» - Une plaisanterie ennuyeuse répétée. : homme bon, lui, Inconnu dans les commentaires profonds du texte, n'a jamais rêvé À quelle heure ses racines de montagne abyssiniennes Gonflées par des torrents frais mêlés aux terres nubiennes, Et dévalées de corniche rocheuse en corniche; Comment sacrées les rives et la plaine du Nil ont transformé la vieille Égypte en une mer brillante: Et les esclaves en foules basanées, méprisés comme de la saleté, pagayaient sur l'eau en dispersant du maïs, tandis que nageaient vers leurs yeux tristes un regard rasant des sphinx, des palmiers et des pyramides des temples, un faible feu sacrificiel avec des cris lugubres ; et de petits maîtres durs, armés de lanières sanglantes. ,Jocose et féroce, flagellé leur plus grand labeur.De longs âges avant que l'homme n'entende cet espoir promis,
LE PREMIER SERA LE DERNIER, LE DERNIER LE PREMIER .
Mais le cher enfant entendit son bavardage vacant avec étonnement et crut que c'était une tradition profonde : Et toujours après, quand dans l'église solennelle, (l'église même que j'ai devant moi maintenant !) ou dans la prière familiale, ces mots étaient abordés, des visions Pert s'immisçaient de poules bavardesMid éclaboussant l'eau, les carex et les étoiles de lys.

En rentrant chez lui, il remplit ses genoux de fleurs ;
Et elle, avant même d'avoir atteint la maison, détacha sa main protectrice, courut en avant, brillait à travers le porche et, avec un cri joyeux, éclaira

la pièce où étaient assises en conversant ou en lisant des livres
ses parents : puis, comme elle une heure auparavant, elle avait vu ces
miroirs merveilles du lac Tous tremblants se fondent en une agitation
confuse De la beauté brisée en lumière brisée, Quand sa surface balayait les
poules affamées, Si floue de captures changeantes, si impliquée Par son
empressement, son récit bavard À la gentille mère qui, l'embrassant, Se
sentait satisfait que son enfant ait été très content. Alors le grand père, il
soulèverait légèrement sa fille chérie; avec les doigts, coupez le menton
minuscule et embrassez la bouche du bouton de rose; et doucement sa
grande main fauve caresserait ce soleil tissé brillant dans son dos, qui se
changeait en auburn le plus profond brillant d'or, l'appelant des noms
délicats. Mais, quand enfin apparut la calme et inévitable infirmière, il rit ; et
elle, dans un rire hurlant, s'envola par un bras robuste poussé au-dessus de
sa tête
, empêtrée dans des fleurs sauvages vidées de ses genoux,
qui se secouant, il fit tomber le hurleur, et la balança gaiement dans des bras
volontaires. Elle parla de ces souvenirs d'enfance pendant que nous nous
promenions parmi les scènes. qui les a élevés; car elle aimait s'attarder sur
des choses que certains considèrent comme légères : mais en sa présence,
racontée par elle-même, avec des mots clairs et appropriés et une voix
satisfaisante ; sa main blanche flottante, presque en musique, gazouillant
avec ses mots, et limitant tous les soins les plus tendres à plaire ;—
maintenant, un par un, ces traits de mémoire brillent
dans une splendeur sacrée , et ont rendu moins sombre
une vie que je ne me sens pas tout à fait vaine.

Le sort de sa mère était si commun que celui qui
peut dire « Ce qui n'est pas à moi » est en effet béni : car ils sont
innombrables à avoir jeté des ombres. Leur passion avait été refroidie pour
toujours ! Rare à son épanouissement, et des années avant qu'elle ne
rencontre l'homme qui lui était destiné. mari, comme une fille, elle adorait
un jeune au génie étincelant,
qui se lançait dans une grande aventure et déployait toutes les voiles ;
Mais il avait besoin de lest, de bon sens, et rencontrant des tempêtes, il
sombra et se perdit. Longtemps, son destin lui pesa le cœur ; cela lui a vidé
ses forces ; cela la laissa vague et désolée : Sa vie devint comme des rêves
froids et inquiets dont nous ne pouvons pas nous séparer. Pourtant, qu'il
soit dit, ses manières étaient humbles et vraiment douces; elle était une
épouse tendre et obéissante, et dans une grâce douce et plaintive, chacun de
ses actes accomplissait. Je fais confiance à son esprit, subjugué par une
tristesse constante et inavouée ,
s'est libéré des ombres et a pu enfin m'attarder sur l'avenir, qui, sur un
chemin droit, a atteint la justice trônant dans la lumière éternelle, et a appris
à sentir que le châtiment est l'amour. Un peu par léthargie ; et en partie le

sentiment du devoir dans l'oubli du chagrin ; avec des plaidoiries dues à sa propre gentillesse, elle est venue en prendre un autre comme son seigneur ; puis est venue se céder en tout et épouser la volonté indomptable de son mari : il l'ayant conquise, l'a chérie et l'a aimée. une légère conformité à la force de la vie.

C'était un homme élégant et d'une belle constitution,
rendu noir au combat. Sous les soleils indiens, nos ennemis avaient souvent appris à connaître le poids de ce bras, irrésistible lorsqu'il les chargeait avec son épée et son œil. Mais quand son père mourut, il quitta l'Est pour l'Angleterre ; ici pour gouverner son propre domaine, et régner parmi les messieurs du comté, qui sont dûment venus avec fierté pour le posséder en chef. Il avait le look royal du commandement né, un ensemble d'oeil d'aigle et une courbe de cou; une perspicacité coupante soutenue par un sens solide ;Vaste connaissance, et son utilisation facile,Pour briser l'obstruction, ou diriger la forceOf résolu à atteindre chaque fin.Avec un homme de nature large et généreuxQui a toujours gentiment tourné l'échelle douteuseContre lui-même : aucun locataire n'a jamais pleuréLe jour où le nouveau maître est venu régner;
On n'entendait pas non plus les commères du vieux village se plaindre des bons moments enfuis avec leur seigneur défunt. La culture allait de pair avec la force en lui : il était très versé en sciences ; roche et sol, Plante, coquille, oiseau, bête, jusqu'à la forme complexe de l'homme, Avec quelque chose d'étoiles. Ouvrages historiquesIl lisait surtout ; et souvent creusé pour tracer des étapes passées depuis longtemps en archéologie .
Il aimait les chanteurs de notre pays natal qui élèvent nos âmes à la hauteur de la vie ; et ces penseurs profonds dont les conclusions montrent les principes secrets qui font fonctionner le monde. Il appréciait le laborieux Hallam ; mais il déclara Carlyle à moitié fou ; « Un tourbillon de pensées rétives, qui ne touchent à rien de solide ou de pratique, racontées dans un jargon scandaleux, encombrant comme le costume de n'importe quel Lapon ! Ce à quoi je m'opposerais toujours avec fierté : « Bonne ou mauvaise, sa parole est la vérité du jour, Que l'élevage de héros était autrefois la vantardise de l'Angleterre, Et maintenant nous nous vantons de faire des millionnaires. Votre « pratique » signifie le raccourci le plus court vers la richesse : Mais bien trop souvent. le sac à main vole le cœur ; l'un de plus en plus lourd draine l'autre à sec. Son style, poétiquement enceinte, souvent par simple note d'admiration, fait allusion à plus que les avantages et les inconvénients de la page de votre favori .
À cela, il pousse un rire dédaigneux et rugissant, la table tremble et les récipients tintent tandis que son bras lourd tombe : avec un regard massif, il me plaisante d'une manière touffue : « Jeune rêveur de bulles, complotant des rimes de strophes, que sais-tu des lois ? Que connaissez-vous des plans qui ont lié nos intérêts variés, par des courants croisés, fixés à certaines fins,

pour encadrer cet état que nous appelons société, le plein résultat des temps immémoriaux ? Sachez qu'ici sur terre, la richesse ne doit pas être méprisée, car nous sommes comme nous sommes. Pendant que les hommes subsistent, en échangeant biens et services, l'or sera la graisse qui lisse toute la machine. J'accorde à quelques-uns, aux plus grands, un contenu vivant, pour donner libre cours à ce qui a mûri dans leur esprit ;
Mais la cupidité seule fait croître chaque résultat
et répand ses usages dans la masse. A côté de là, là où l'honneur , la raison ou la vie instinctive échouent, là l'or piquera le huard paresseux. Il réveille le transat somnolent de l'Est, qui se prélasse au soleil, oisif comme une gourde, pour travailler comme
des hodmen irlandais . Réveillé, il entend
Coin sonner une musique entraînante ; se met au travail, et creuse, taille et broie : il aperçoit, non loin, lui-même, un chef de cavaliers richement vêtus, armé de longues lances et de lames à arrêt d'argent, s'emparant du pouvoir pachalique d'un coup rapide.
Mais le travail , lui ayant rapporté de l'or, lui apporte des craintes.
Le poids de la richesse a rendu son pas calme ; il aspire à l'ordre, à un gouvernement stable, et se tient en défenseur sévère de la loi.

"Je sais que vous méprisez ce 'matérialisme doré',
pour ce que vous appelez 'l'or des cieux du soir' : 'Mais laissez-moi vous dire, mon garçon, pour toi c'est bienMes terres sont vastes et les banquiers sont vrais, ou bien Ta jeune fille, elle, pauvre fille, je pense souvent : « Il voudrait une croûte à manger et des chaussures à porter. » Ainsi lui, dans ce que j'appelle son « cuivre doré », pour lequel je lui ai payé des guirlandes ;
"Elle veut des chaussures ! Ses pieds presseront les fleurs du paradis, Et, étant un ange, elle n'aura pas besoin de nourriture." " Eugh ! Prenez votre matériel, attrapons de la truite.
Elle ne restait jamais longtemps loin de chez elle, mais menait une vie tranquille ; avec contentementPrendre le continent et bien des chosesSur la confiance ; sentir nos paysages satisfaitsSon amour des scènes. Lorsqu'elle revenait d'une visite, aucune image plus belle n'avait jamais béni ma vue que lorsqu'elle nageait dans ses bras, et se tenait belle, fragile, contre sa force, la soutenant, et embrassait ses lèvres, ses joues et son front. Il alors, comme si sa fille n'était qu'un enfant, pressait entre ses mains la tête renversée, où regardait le visage innocent Rose avec le sourire et le rougissement, comme une douce fleur éclatant sa gaine fauve : sur laquelle il regardait le regard d'un père incommensurablement bon ; une tendresse semblable à la pitié, là la tenait, qui était belle et bonne.
Une veille, tard dans la douce heure d'été, nous craignions que le souffle du vent de la nuit n'ait refroidi sa mère tranquille, alors que nous parcourions une promenade menant à la maison en espalier; bientôt l'aube sur le porche. En toute hâte, j'apporte le manteau de sa mère. Quand, comme la marée

monte sur une plage facile, joue avec un son onduleux et un aspect
d'écume, les mille plis autour de ses pieds qui avancent, sa forme divine est
aussi grande que la lumière de l'océan au-delà : pourtant aucun oiseau de
mer qui brille du bleu- Un ciel arqué et illimité Pourrait glisser avec légèreté
plus aéré qu'elle Pour accrocher le vêtement autour du cou de sa mère; Et
puis frapper, comme une femme, les plis en place; Embrasser les lèvres
reconnaissantes et fixer adroitement L'attache à sa gorge. En réfléchissant
ainsi et en rapiéçant ces riches fragments, il semble étrange quelles petites
choses s'imposent à mon regard ! Je me souviens maintenant de chaque
groupe sculpté, et de la scène peinte, et du portrait, du vase figuré, de
chaque estampe unique et du joyau que nous avons autrefois vu lors de la
visite d'un manoir à proximité, Enrichi par des générations d'art collecté :
Les maîtres, par les mains desquels les œuvres ont été travaillées,
Longtemps moulées en poussière. Ah, eh bien, je sais
Pourquoi certains ont gravé leurs symboles dans mon cerveau Et levez-
vous devant moi maintenant ! Lié à la pierre, NarcissusDroops fondant en
lui-même ; et Echo, dans un désespoir rétréci, pend, enviant ce qu'il
gaspille. À travers les brumes matinales fumantes, un soleil glorieux,
l'épaule de la montagne brûle ; au-dessus, transmute les nuages du zénith en
or aéré ; et au fond, vu à travers un bleu cristallin pur, brille le village, le lac
et la chaîne de montagnes. Superbe à l'aise, une dame se tient debout et
sourit. Douce bienvenue dans le monde : bien que des siècles se soient
écoulés depuis qu'elle a approuvé son peintre. travail,Son sourire est si
sincère, tous pensent
qu'ils ont dû la connaître à un moment donné de leur vie.
Ici, posé sur un vase d'argent, un train de mariage se déplace au son de la
musique : les spectateurs jettent des fleurs devant la timide mariée courbée :
pendant ce temps, fidèle et fier, son époux sourit à l'étranger Comme à un
soleil éblouissant : les cornemuses sonnent, les harpistes tintent, les
cymbales s'entrechoquent, les jeunes chantent ; six jeunes filles marchent
derrière pour tenir son voile, une paire est triste, la suivante regarde vain, et
deux jolis secrets se murmurent. Ici, à partir de vieux supports en papier, et
les regards des hommes le plus viril et le roi des rois anglais, le lion
Cromwell , dans son habit de guerre : Sous lui s'enroule un monstre
jaillissant du sang, Dont les têtes coupées s'étirent en lueurs éparses De
mitre bijoux , couronne et couronne.
Taille nette sur une pierre précieuse, sertie dans un épais anneau d'or, la
taille et la rondeur d'un ongle de dame, l'amour saignant sur la fléchette lui-
même pointe; purifiait la douleur, et l'éventait de ses ailes. Et maintenant,
comme autrefois, le long de ces riches couloirs silencieux, nous nous
déplacions, examinant chaque chef-d'œuvre que nous préférions le plus,
et ne souhaitions plus rester, mais sentions qu'une chance devait nous servir

pour le reste : en réfléchissant, je passe de scène en scène de la vie de ma chère dame, Et laissez mes autres souvenirs intacts.

Sous le repos menaçant de ce saphir aérien,
ses ombres m'ont couvert d'un frisson, comme une tempête à venir, cette calamité noire qui a frappé et a enlevé notre chéri de leur charge et de la mienne. Le chagrin nous a tous stupéfaits. Aussitôt la mère sans enfant perdit sa force vacillante et resta prosternée ; ne plus jamais goûter à la vie sur terre ! À côté de son mari, il était assis et la regardait disparaître ; j'ai vu le dernier pauvre sourire disparaître de ses traits ; jusqu'à ce que les yeux fermés s'allument dans un ravissement larmoyant ; quand il sut que l'immortalité de l'Amour lui fut révélée. Avec les deux siennes, elle serra sa main en silence,
et la tint fixe dans les pressions les plus douces :
mais quand la tendre étreinte se détendit et tomba, le monde se referma autour de lui en un vide pierreux.

Et maintenant l'homme fort fut frappé ;
Comme la récolte mûre nivelée par un stormAt Morningtide ; qui, avant que la chaleur du soleil
puisse à nouveau flatter sa force, une seconde tempête
l'envahira et la dispersera jusqu'à la ruine.

Quand cette torpeur qui suit la douleur
Par l'étrangeté passa au regard naturel Pour les besoins quotidiens ; il détestait sa maison vacante : son grand jardin ; son lac ; ses bois ; l'air venteux ; le ciel surplombant, il les détestait : il les détestait tous. Quand le printemps réveilla Les chanteurs amoureux des bosquets et des champs À la joie saisonnière, leur musique se moquait de Sa tristesse avec ses échos, bavardant des récits De ce qui avait été : et lui, dans l'amertume, Résolu à quitter un endroit où à chaque tournant Se tenait comme un ennemi, dont l'œil fixe et moqueur Dans le silence brillait d'espoir pour marquer sa chute ;
Il a quitté notre pays. Loin, dans les climats de l'Est, sa nation servant bien, il combattit et mourut : et jamais un homme plus noble n'avait soutenu la valeur et le nom de la majesté de l'Angleterre.

De longues années de labeur ont été sombres et brillantes
depuis que ces événements ont fermé mes portes de la vie. En partie par choix et en partie par nécessité, avec constance j'ai soutenu et encouragé le travail qu'il était de mon devoir d'avancer. Car, lorsque ma vision s'est à nouveau éclaircie, J'ai regardé et j'ai vu à quel point l'homme était méchant, qui utilisait le produit des énergies de ses semblables et ne rendait rien.

Puis mon esprit a vu,
il y a deux mille ans, cette course insulaire dans une sauvagerie simple,

contrôlée par des prêtres
plus meurtriers et plus sanglants que les loups qui hurlaient
à minuit autour de leurs monstrueuses pierres d'autel, parfumant le sang
humain sacrificiel. J'ai vu venir cerné de légions César aux yeux de lynx.
Pour goûter à
la valeur du Britannique . Quand apparurent
des légions succédant aux légions, et les essaims rassemblés par une
discipline habile étaient tombés
aux affluents de Rome conquérante. J'ai vu quand l'emprise de Rome, à
cause d'une culpabilité féroce et luxueuse, ne pouvait plus tenir ; et avec des
plumes en lambeaux, ses aigles ont laissé ses esclaves pour endiguer ou
marée les incursions de Pictes affamés comme ils le pouvaient. Ensuite,
quand une race géniale et costaude a élevé ici l'étalon du Cheval Blanc : les
hommes qui ont travaillé le sol jusqu'au maïs jaune, réactif, ont ensoleillé les
plaines. Quand, attirés par le butin , Corbeaux du NorthBent jusqu'ici : avec
raideur le concours a tiré de longues années ; jusqu'à ce que les deux
champions fatigués joignent leurs mains, comme maison commune pour
partager l'île. Avec la paix, la terre s'engraissa ; et les liens sains des nobles
envers leurs rois et des serfs envers eux, tombèrent relâchés ou déformés
pour mal gouverner ; quand Norman William, dur comme des rochers et
féroce comme le feu, avec la charge de chevaux mailés et des douches
d'acier, gagna l'Angleterre. Il força ses fils rudes de façon sinistre : par un
commandement sévère et la force de l'épée, il força l'obéissance là où il
fixait une loi. Pendant des siècles, contre les esprits têtus des hommes, avec
des concessions mutuelles, les audacieux Plantagenêts maintinrent
l'exercice. Enfin, la race, maintenant développée par une lutte constante
vers le pouvoir,
s'est calmée avec force sous l'emprise des Tudor. Et puis un Stuart du Nord
portait sa couronne, dont le fils, indifférent aux hommes amoureux de la
vérité, leur a menti et a perdu la tête. Car les puritains n'avaient aucun
respect pour les mensonges. Ensuite éclatèrent les saturnales de Charles
Satyr, Des Nymphes de Lely, qui haletant chantaient « Plus d'or ; Nous
cédons librement nos beautés ; de l'or, encore de l'or. » Des explosions
malheureuses, des folies, des complots frénétiques ; notre race grandit
maintenant vers cette grande puissance qui doit influencer le monde.

Descendu de ce désastre humain, loup- belapt ,
Jusqu'au moment où, dans un excès
de pitié pardonnable, par la volonté de notre peuple, fut achetée
l'indolence gratuite pour les îles des esclaves occidentaux : Et maintenant,
alors que des milliers de personnes refusaient doucement au meurtrier avéré
sa corde, le voleur devait être châtié. ; et quand un général peut tromper ses
troupes jusqu'à la mort, oui, et recevoir le vote de remerciement de son
Sénat et que tout se passe sans problème ; squelettes.—De ces droits

tombés à une telle urbanitéLa marche est en effet longue ; bien que les gentils monstres
puissent parfois réclamer la justice de son trône ;
Pourtant, la douceur reste un noble gain, et nous sommes convaincus que de tels monstres sont noblement intentionnés.

Pour toucher au pouvoir que nous détenons, quel travail a été fait
de muscles vigoureux et de cerveaux vifs et ingénieux ! Des hommes robustes avec de puissants combats dans leurs membres ; des penseurs, dont la ruse a frappé au-delà de la force des armées ; des prêtres ont prêté serment à Dieu, dont la vie quotidienne a prêché la pureté et la bonté de l'Évangile ; des chroniqueurs sages, dont la patience a recueilli des faits concernant le besoin présent et la nourriture pour le temps à venir ; et les dames qui ont fait de leur maison un paradis, et ont gardé leurs maris grands ; — ont grandement donné la lumière et le choix. substance de leur viePour les générations se mêlant chacune à chacune,Vague innombrable qui pousse une vague,Vers le grand flux unique et grandissant des choses,Puis passa dans l'obscurité qui engloutit tout.

Pourrais-je demeurer ici dans notre fière maison insulaire,
préservée par d'innombrables victoires ; Rendu fort par les rois et les conseillers royaux ; enrichi
par des artisans dont le talent surpassait celui de tous les hommes ; et immortalisé par un chant si merveilleux
, il glorifie l'humanité : pourrais-je demeurer ici ; me nourrir ici de cette richesse accumulée, comme des porcs insensés sur les glands du bois, et ne posséder aucun désir de rendre grâce en nature. « Il pourrait sûrement y avoir des déchets de fleurs sauvages
pour produire une goutte de miel que je pourrais drainer
pour gonfler la ruche générale !

Finalement, j'ai décidé
que ma force devrait s'efforcer de déployer tous ses efforts, et faire fructifier ses bourgeons non encore ouverts. Moi, ayant soif de l'aide gracieuse du ciel, j'ai immédiatement commencé le travail qui sera le mien jusqu'à la mort. S'il m'est accordé de déraciner
un mal mauvaises herbes; ou plantez une graine, qui, le temps, nourrira un arbre à l'ombre agréable, aux membres fatigués une aubaine et belle à voir ; je saurai alors que la main qui m'a frappé a été mon guide dans les sentiers de la vérité.

Et Elle, mon adorée perdue, où est-elle ?
Où était-elle pendant ces longues années de travail ?

Elle a été ma lumière de vie !
L'aube brillante et l'éclat du jour À midi : et Elle a brûlé les couleurs Dans

une profondeur plus riche à travers le soleil au coucher : Et mes paupières
fatiguées Elle ferme : puis, en rêve, Descend un puits de gloire barré
d'escaliers Et conduit mon esprit vers le haut où je vois mes bien-aimés
perdus. Et ainsi, par le sommeil, et non par la mort,
Loin des soucis terrestres et des vases irritants, je goûte au calme de la vie à
venir.

À quelle heure sa faux dans les matins d'été brumeux
Avec un tintement joyeux la tondeuse aiguise ; et les vaches
Se déplacent lentement, respirant la douceur, vers le seau. Leur servante
laitière tinte, comme elle appelle « Salut Fraise et Fleur, ici les vaches » ;
Tandis qu'il est suspendu contre les hautes terres avec son attelage, le
laboureur glisse vaguement comme un fantôme : À quelle heure cet endroit
bruyant de la vie, l'alouette, Grimpe, criarde d'extase, l'air tremblant ; Et «
Coucou, Coucou », déroutant d'où il vient, Crie l'égoïste joyeux qui pleure
lui-même ; Et chaque haie et taillis chante : À quelle heure L'amant, agité, à
travers son rêve éveillé,Nigh remporte le grand délice inconnu espéré,Qui
ne fleurit jamais, peut-être ; ailleurs,
La servante vénérée, une rose pliée sur rose
Par l'aube rose, endormie, elle respire des sourires : Puis souvent à travers
les rues vides de Londres,
Quand chaque maison est fermée et toujours spectrale, Et, sauve le
moineau gazouillant de la tour Où les péages le temps qui passe, tous les
sons s'éteignent ; Puis je marche, méditant sur les voies du destin, Et passe
en revue le passé devant moi, Comptant mes pertes et mes précieux gains,
Et sens que j'ai perdu une gloire telle que l'homme ne peut jamais la
connaître qu'une seule fois : mais comment est né de l'usure châtiante du
chagrin, un champ d'intérêt sobre, tourné vers des fins plus vastes que les
miennes jusqu'ici ; et de la sympathie pour les âmes en difficulté, que
chacune tenait à cœur dans une signification sacrée, connue ou non révélée
: — et celles-ci, dans leurs complexités et leurs relations lointaines avec la
somme du pouvoir général qui est le monde vivant, sont maintenant mon
gain ; et accorde à mon esprit cette vérité élargie. un aperçu de ce devoir
élevé exigé de tous. Comme l'Occident s'enflamme sauvagement autour du
soleil, maintenant tombé bas ! Et comme un seul, sans nom, navigue, perdu
au fond d'une rêverie sorcière, le long d'une rivière silencieuse ; passer des
villagesOccupé de labeur; berges fleuries et criques ombragées, et bétail
broutant paisiblement dans les prairies; qui ne se réveille que lorsque le
plein soleil éclate du naufrage orbSmiting l'inondation frappe d'abord sa
vue éblouie;—ainsi à l'heure actuelle je suis rappelé par ton soleil rouge- la
lumière enflamme la flèche, et la girouette qui scintille dans le ciel bleu
chaud, et cette cloche qui sonne trop bien connue.

Maintenant, sur le vaste océan mystérieux,
le marin se penche sur le flanc de son navire et ressent les joies
bourdonnantes de la maison ; je me demande si le destin le poussera à
mettre fin à son séjour là-bas. Maintenant, heureuse, la femme au foyer en
bas du chemin décrit les traces de son mari jusqu'ici ; son repasPréparé, les
enfants chacun rangé ; elleAvec un confort souriant signifie apaiser son
homme,Par le travail fatigué, tout au long des heures du soir.
Ils font tournoyer leur toile de vie, bourdonnant comme une roue,
Ces insectes aériens. Les oiseaux ont cessé de chanter, mais gazouillent
faiblement, s'installant dans leur repos ; et pas le croassement d'un freux ne
déchire l'air placide. Je dois m'en aller ; mais avant de partir, je
m'agenouillerai pour embrasser ce type terrestre modeste de lierre, qui avec
une verdure constante honorerait son nom, tandis que j'envelopperais sa
mémoire de mon amour ! Car elle a été la bénédiction qui a nerveux ma
force dans les heures défaillantes de la nuit la plus noire, Quand les doutes
oppriment et les peurs distraient ; et quand les sabots du Gigantesque Mal
écrasent le bien, Et que la pitié brûle de terreur ; tandis que, consterné,
Blancched Justice se retire ; et pas une voix, la plus petite, n'ose s'élever
contre l'horreur sanglante et dégoulinante qui pollue de mort et de danger le
ciel, la terre et la mer ; quand la croyance des hommes devient sauvage,
voyant seule le terrible péché abominable et noir, oubliant que la lumière
brille encore au-delà ; Et doutant enfin de la vérité même de Dieu, ils
haïssent leurs semblables et eux-mêmes ; gémissant sous un despote, qui
pense moins au précieux sang humain que les charpentiers comptent de
l'eau dans le quai, tant de pieds supporteront tant de tonnes, si seulement
cela aide un peu. franchit ses objectifs
brutalistes , qui, comme un voleur armé, saccage les richesses de son
peuple. Puis brille l'éclat des étoiles de mon amour à travers l'obscurité ; et
vient, comme vient un glorieux conquérant revenant du renversement de ce
despote, son front encore éclairé et pâle de victoire : dont les prouesses ont
longtemps résisté aux chocs de charge des hôtes qui pullulaient ; qui,
déroutant par son habiletéLeurs combinaisons astucieuses, ferma à temps
ses propres forces et leur causa le plus grand malheur; Écrasa les énormes
paquebots de la flotte ennemie, Leurs frégates les plus rapides coulèrent
dans l'enfer aquatique: D'autres, il les effraya comme des oiseaux; et il suivit
le resteDans un sillage victorieux et écumé, un prix capturé,Où son peuple
se pressait en criant fièrement : « Bienvenue, bienvenue, bienvenue ! À nos
cœurs, Ô Sauveur de ton pays ! à nos cœurs,
ô Père de ton peuple ! content de te revoir!"
Et crie avec exaltation son cher nom; Qui se déplace à travers des tempêtes
de musique, et contemple des mers gaies de visages ballottés par le
bonheur, Et illuminé par le ravissement dans une crainte émerveillée. Et

tandis que cette multitude reconnaissante oublie tout le mal qu'il a pu faire,
fais mon chagrin cinglant, et embrasser le bien.

Et quand, des années plus tard, cet honoré
retourne enfin dans son pays natal, après avoir remporté sa dernière grande
victoire, un cadavre solennel ; en état, son peuple se rapproche,
solennellement pour faire honneur aux morts,
et se tient en silence, au milieu de l'emprise lugubre de la musique martiale
gémissant, il est parti qui les a sauvés des chaînes qu'ils abhorraient; et en
toute révérence, avec les mains les plus tendres, et les yeux larmoyants, et
les cœurs qui brûlent et palpitent, ils abaissent leur héros consacré,
s'enfonçant lentement vers son repos éternel : dont la gloire s'élève jusqu'à
une étoile installée, éclairant la terre qu'il a aimée pour toujours. Ainsi vient
mon amour pour moi : sa lumière glorieuse plane pourtant sacrément, et
me guide vers des perspectives plus grandes et un usage plus noble des
pouvoirs qui m'ont été confiés. Désormais mon âme ne manquera jamais
d'un endroit où fuir, Quand les maux se pressent pour ébranler ma foi dans
la justice : car penser à sa vie composée d'actes de grâce et de doux regards,
d'une tendresse compatissante ; et enchâssée sous une telle forme, qu'elle
semblait souvent divine à mes yeux affectueux, je peux à peine retenir mon
émerveillement que le ciel puisse l'épargner dans un monde aussi souillé que
le nôtre. Et maintenant, quoi qu'il arrive du mal et de l'amertume pour
briser ma force ; quelles que soient les ténèbres que je puisse connaître ; un
rayon m'a transpercé du plus haut des cieux — j'ai cru en la valeur ; et
croyez.

II. TRAVAIL.

Douce est l'humidité de la rose en treillis
Dégoulinant de musique à travers les feuilles scintillantes ;
Et plus doux encore son parfum que nous respirons
en jetant large notre treillis jusqu'au matin. Doux de voir des grives aux
yeux brillants et aux seins mouchetés, fouiller les pelouses gris rosée avec
un regard inspecteur vif; et les lapins grignotent agilement les herbes
tendres, ou font une pause lorsqu'ils sont surpris. l'ombre de l'autre. Et
quand les branches du verger se courbent avec des fruits, avec joie nous
regardons les récoltes en monticule glisser doucement au milieu des haies
chantantes. Il est juste de regarder accroché pâle dans un azur laiteux se
fermant lentement dans un nuage errant Poussé par le vent élastique propre
et léger ;Et à travers ce soleil harmonieux et solitaire, la vie invisible humOf
marque comment les graines flottantes passent comme des fantaisies
volantes au-delà de tout regard.

Mais plus douces que toutes les roses, les vues des oiseaux,
Plus riches que les fruits, plus que des terres entières de maïs, Plus belles

que les gloires du jour le plus brillant, Plus chères que n'importe quel vieux son familier des heures d'enfance, que toute joie scintillante Jetée de la fontaine grouillante de la terre, Est notre réponse impulsive à l'appel du devoir.

Ceux qui voudraient être quelque chose de plus
que ceux qui se régalent, rient et meurent, entendront la voix du devoir, comme la note de la guerre, stimulant leur esprit vers une grande entreprise, et tricotant chaque tendon pour la charge. Cela les fait quitter un silvan heureux. La vie se bat pour un concours dans la capitale rugissante. Et dans son rugissement toujours plus large, restez ferme et fixez-vous au milieu du tonnerre, pied contre pied, avec opposition, frappant pour la vérité. Pour telle, la rage des charmes de bataille au-delà des plongées océaniques les plus lourdes se précipite sur les falaises, la fureur de la tempête. sur les bois broyés, ou l'élémentaire s'écrasant dans les cieux : au-delà de la joie d'un amant quand il sent le sein de sa jeune fille palpiter en tremblant, au-delà de celui d'un père quand il sent dans sa main la chaleur arrondie du membre du petit premier-né, ou en le voyant devenir grand et fort :
et leur le plaisir ne diminuera jamais, mais grandira
en grandeur avec le temps et brûlera plus vivement nourri d'actes nobles. Pour les âmes obéissantes à l'impulsion divine, qui poussent leur force dans la fermeté jusqu'à ce que les rochers soient taillés de leur obstruction, jusqu'à ce que l'insatiabilité du marais soit étouffée et liée. Une route durcie pour la circulation et le sport, de hautes arches géantes traversent le déluge, jusqu'à ce que la terre torturée libère ses mystères qui sont droits. devenez des esclaves soumis à l'homme, jusqu'à ce que les travaux au bureau aboutissent longuement
à la loi : qui méditant sur les étoiles proclament leur taille et leur distance et poursuivent leur course ; qui travaillent tout ce qui donnera une plus grande puissance ou profitent à l'homme du loisir d'observer les cieux merveilleux et la beauté de la terre. ; Qui l'instruira dans la vérité par laquelle il apprend à révérer davantage son prochain ; Qui dirigera son esprit vers l'adoration des choses impérissables, d'où il vient. il se déplace; qui font et qui ont fait tout ce qui a jamais aidé l'homme à se libérer, imparfaitement, de son moi plus grossier et à rendre sa vision pure : — de telles âmes sublimes ne manqueront jamais de joie bénie dans le travail, travaillant pour un devoir qui ne peut jamais mourir.

Les hommes peuvent paraître les jouets d'un destin ironique :
l'un d'eux, solidement chaussé, arpente une pelouse de velours ;
Et l'un est obligé de grimper pieds nus sur des chemins ardoisés et vivants de scorpions, tandis que la faim de loup s'efforce de lui attraper la gorge; .
Bien qu'il ne soit pas permis à tous de naviguer jusqu'au bout à travers les ondulations ensoleillées, de discuter des naufrages comme des récits

pathétiques ; tous ne sont pas nés pour nourrir les délicates douleurs qui annoncent l'achèvement de l'amour, et voici que leurs chéris s'épanouissent dans l'air tempéré
du confort jusqu'à devenir eux-mêmes les sources
d'un encore race plus douce : tous ne sont pas nés pour toucher une éminence et un éclat majestueux, diriger les esprits aux yeux de leurs nations et rayonner une postérité informe ; est bien plus agréable que les allées de fleurs, que le plus chaleureux groupement de joies domestiques, et plus fier que les cris de gloire les plus fiers qui suivent une action qui n'est pas forgée en conscience.

Le devoir équitable, très différent du fléau de la mort,
dont la présence lugubre conduit les hommes à la ruine, élève sa nature vers une vie plus rare. Son vaste domaine est ouvert aux pauvres et aux riches : ici, les paysans les plus grossiers peuvent se déplacer comme leurs égaux avec les seigneurs baronnials, et ceux-là. qui servent soient grands comme ceux qui gouvernent : Ici, un artisan malicieux qui se contente de boulonner les plaques de fer de la forteresse, respire la fierté de ce chef entraîné qui commande ses armes ; et celui qui pointe ou tire une seule pièce revendique l' honneur avec l'esprit qui a planifié la guerre.

Un devoir équitable, dur et périlleux à servir,
exige un dévouement absolu, avant de révéler le ciel de son sourire; et ronge de misère l'esclave traître qui, ayant connu son visage et s'est déplacé à sa demande, retombe dans la paresse, ou corrompt le serf à sa propre base. désirs :—chevalier assermenté, et armé de courrier et d'épée de preuve, mais cajolant l'ignorance brutale avec des éloges, et avec les cœurs gaspillés d'honnêtes menGorging le monstre qu'il est allé tuer. Mais qui vénère fidèlement sa loi comme primale, et de chaque besoin suprême, Faisant du danger tranchant discipliner sa force, Qui change l'obstacle en délices passés, Le devoir équitable dote de son amour céleste, D'où grandit la gloire de la bénédiction mystique :
Et la gloire née du Devoir est une couronne
de lumière.

Et tous ainsi couronnés illuminent leur œuvre
dans une splendeur qu'aucun œil terrestre ne peut percer,
et savent que chaque graine qu'ils ont plantée, chaque pierre qu'ils fixent et la vérité qu'ils atteignent, s'unissent pour fonder une ville bien planifiée dans une terre gouvernée, que les bébés s'élevant haut un temple construit fermement. en son centre à la louange de Dieu.
Et chacun voit ses travaux glorifiés,
Comme le travailleur à son bureau, un roi sur son trône, ou le constructeur du pont : Le bureau brille comme un trône royal,

Le trône diffuse son rayonnement comme un soleil, Le pont enjambe la mort – un chemin vers les étoiles.

MARS 1865.

NELLY DALE.

Ah, Nelly Dale, près de cinquante ans
depuis que toi et moi sommes partis ensemble, Joyeux tous les deux,
comme le temps d'été, Qui envahissait notre chemin vers la mer, Si riche en
fleurs et opulent, Parfum de chèvrefeuille successif, Il souriait à un jardin
doré, gai Avec le battement d'insectes tout le!

Le vache étaient blancs et lisses comme de la soie
Chez Flowerdew, où nous allions chercher du lait Avec une cruche et une
canette. La boîte que vous avez portée a tinté et dégringolé lorsque vous
avez déchiré votre nouvelle robe rayée de lilas, tout en traversant ce
montant haut et maladroit.

En quittant les portes de notre chaumière à midi,
en bas de la colline poussiéreuse, nous nous sommes bientôt tournés vers
une ruelle d'eau, sèche comme notre discours ; car nous étions timides, ne
parlant pas jusqu'à ce que les doubles rangées de saules sur leurs rives
ombragées nous aient fermés de la route, et nous étions tout ce que nous
voyions et voulions voir.

Comme si nous étions sortis de l'école, nous avons couru,
jusqu'à ce que nous nous fixions pas à pas, même en marchant côte à côte ;
et même si nous essayions de nous tenir à l'écart,
la cruche n'arrêtait pas de tinter contre la canette ! Une fois que nous nous
sommes arrêtés sur un chemin supérieur qui bordait un grand pâturage
nervuré de mathématiques, nous avons vu la perspective ouvertement
fondre dans un ciel transparent et lointain ; travailler, ou planifier, comme
d'autres l'avaient toujours fait, ou s'égarer dans un pays merveilleux, par-
dessus les collines et au loin ! Mais me tournant vers ton joli visage,
La fleur épanouie de la grâce native
Qui jette un charme sur les manières simples, La vantardise de ta mère, ses
louanges constantes ; Content ici, j'espérais ne jamais être hors de la vue de
ma chérie.

Ah, moi, notre jeune plaisir à parcourir
ce chemin si loin de chez nous ! Rires et bavardages de ceci ou de cela ;
Fraises mûres, souris et chat ; L'anniversaire proche ; le cadeau
d'anniversaire ,
avec quelque chose de très bon à manger, et des groseilles, des primevères,
du vin de sureau, comme les vrais seigneurs et dames dînent !

Délice égal de notre silence ensuite ;
Faisant croire que tu es vext ,
quand tu te retournes pour t'embrasser, tu fais tomber ton bonnet de

travers, et aussitôt tu détaches les ficelles pour le remettre dûment droit; régler à l'amiable mixte ! Des moments de surprise mutuelle et muette faisaient dialoguer nos regards, tandis que nous avancions, toutes choses semblaient étranges, riches et belles, tout en rêvant. Des aperçus transitoires de ce qui seul est jamais connu des anges aux grandes ailes.

Nous ne savions pas si vous ou moi
avons d'abord vu le splendide papillon Tremblant autour de nous alors que nous nous tournions Pour regarder comment le bleu et le cramoisi brûlaient En éclairs entre ces ailes rougissantes ! Nelly, je vois que tu regardes l'alouette qui flotte haut et aspirant chante ; devient sombre, et se demande où il s'est enfui
dans l'éther saphir au-dessus de nos têtes. Bien qu'il ait disparu, son ravissement sonne toujours et fait frémir nos seins, marchant lentement sur notre chemin sinueux ; quand il est brillant, lo
De quelque part en commençant, réapparaît
Notre sympathique papillon, et s'approche d'une toile d'araignée, dans le houx filée avec des teintes arc-en-ciel qui filetent le soleil, faisant des cercles timides avant qu'il ne se pose, empêtré dans le labeur de la mort ! En avant, je saute, sans mon souffle , Pour voir le démon, aux coudes hauts, tourbillonner autour de ces membres et de ces ailes, et faire tournoyer son fil pour contrecarrer les chances de vol. Le destin est suspendu en un seul instant, et préparer les crocs avides du démon à pénétrer ce sein sylphe ! Mordillant doucement le bout des ailes IFlirt-le du danger soudainement ; frappe avec ma casquette un coup rapide, précipitant l'ennemi vers le bas à travers l'herbe écrasée en toute sécurité dans la poussière. Là frissonnant sur mon index tendu un peu pendant que ses terreurs s'attardent, doutant si encore ses ailes peuvent faire confiance, avant, avec un Un ou deux rabats plus audacieux, il flotte dans un bleu aéré.

N'importe quel garçon mortel pourrait-il résister,
Quand vers le ciel, dans une moue rose, Tes lèvres proposaient d'être embrassées ; Fraîches comme des œillets sortant de gaines rosées, aux aubes de l'été Et pourtant pâles sur les pelouses brumeuses ! Nous passons bientôt de
la splendeur ténébreuse pour faire face à l'après-midi blasonné, où le large soleil se prélasse sur le pré, profondément endormi. Près des buissons aléatoires, un par un, nichés autour d'un étang, les moutons sont dispersés et somnolent dans une ombre gracieuse; et au-delà des champs de maïs brumeux. la clairière, vue ondulante et éblouissante, semble frémir pour un vol prédestiné vers des mondes de plaisir non révélés
. ou quand leurs ailes assument
Cueillent l'air chaud avec un panache de doigts,
Travaillant , anxieux si le poids et la taille

rendent le vol plus dangereux ou plus sage ! Nelly nous avons flâné encore et encore Par des haies, brillamment surplombées Et parsemées d'épaisses averses de neige D'étoiles de bois ; où les fleurs de liseron, amples et blanches comme la lune, brillaient noblement, et au-dessus des abîmes verts en bandoulière, au milieu du bruit hanté des abeilles, se balançaient légèrement au gré de la brise parfumée.

En passant devant les pierres précieuses argentées de l'astérisque, Par les tiges chaudes teintées fauve de l'érable, Les caprices qui noueux le chêne et l'épine, Un cri soudain de mépris rageur nous fait sursauter de la haie proche ; D'où s'envolent deux merles féroces dérangés Menaces de vengeance terribles ! ce feu en colère, S'interrogent sur des gorges si discordantes Peuvent accorder ces douces notes mélodieuses L'oreille qui écoute l'amant le plus affectueux, Se tourne même en transe pour entendre !

Mais si je chantais tous les spectacles de cet après-midi qui faisaient plaisir, ces trésors envahiraient mon nombre au-delà de la portée de ma chanson ; c'est pourquoi, Nelly, pour être précis, nous avons acheté le lait et payé le prix facturé dans ce paradis rural. Les rouleaux de Le beurre, les pots de crème, la baratte et les casseroles propres semblent maintenant, à travers cinquante ans de temps disparus, les souvenirs d'une comptine ; ou une histoire, comme Les "Bébés dans les bois", écrite pour que les enfants les rendent bons. .

Nous sommes rentrés chez nous d'humeur plus sobre ; Peut-être que le poids que nous devions porter, par les montants et les portes, nous faisait souvent tarder à changer de main et à alléger le poids en faisant coopérer les deux. Enfin, nous savions que l'heure se faisait tard, Parce que nous voyions nos ombres se lever, Se moquer de nos mouvements, trois fois notre taille; Et garder un rythme fantôme fidèle, Nous tenter vers une course d'elfes Pour un trésor de fées; tout est en jeu ! Pour lequel, quoi qu'ils puissent dire, nous savions que nos vies devraient payer ! Tous deux se mirent à bavarder et montrèrent à quel point nous étions heureux de parcourir une fois de plus la route poussiéreuse ; et il se reposait là où les ruisseaux sortaient, à mi-hauteur de la colline ; où les servantes et leurs épouses amènent leurs cruches à remplir et bavardent à la source. Pour bavarder nous-mêmes, nous n'osions pas nous arrêter, Comme nous n'avions pas encore atteint le sommet Où, commençant avant la lune, Notre clocher de notre église s'accélérait, s'élevait et dansait De plus en plus haut à mesure que nous avancions, Et tout à coup cessa, aussitôt que nous étions sur le niveau; puis, là, ta mère se tenait à la porte Impatiente que nous soyons sortis si tard; Qu'avions-nous fait ? Bien que nous ayons vu tellement de choses ce jour-là, mais nous avions alors peu à dire, et lui avons raconté un vêtement taleOf

abasourdi déchiré par un rail éclaté; d'araignées, de merles, de papillons; de freux si proches qui semblaient si sages! du chemin, cela nous avait tentés de jouer, même s'ils devaient savoir que nous devions faire tout ce que nous pouvions! Les douces réprimandes données et passées, nous nous souhaitions enfin bonne nuit Quand nous flottions dans le calme par des sons sont venus comme « tard », « dîner » et « coucher » ; et plus brillant à travers un ciel qui s'approfondit.
Un million d'étoiles brillaient au-dessus de ma tête,
et les chauves-souris volaient rapidement et silencieusement.

Quand la mémoire se fraye un chemin vers toi,
je soigne ma foi pour la penser vraie. Pour un jour, Nelly, tu étais à moi !
Ah, très chère, ce jour-là a été divin Nous avons fait deux un pour le bien et
pour tous ! Les mots de la crèche dont je me souviens maintenant, De Tom
l'unique mélodie du fils de Piper, méditée en ce jour de juin, a prouvé le
prélude à mon destin ! Nous n'étions pas façonnés pour traduire la volonté
de chacun en tant qu'homme et femme : et même si je n'avais pas le cœur
brisé,
comme brûle quand de son Marie s'est séparée, et a fui le parfum de sa vie ;
pourtant tu m'es proche et chère ! Car sur le pont au-dessous de la colline,
je te vois sourire aussi doucement ; Et dans tes yeux clairs grands ouverts
La merveille spacieuse du ciel. Tandis que chaque Une grâce délicate et
réfléchie Se repose bien contente sur votre visage, Toutes les fascinations
de la rose, S'unissant en votre présence proche. En effet, des cheveux
brillants aux pieds, Si légèrement posé, façonné si complet Vous semblez
être un être entre une fleur, La gloire d'une heure brillante ,Et celui qui a été
ordonné pour satisfaire les prétentions à l'immortalité.

Votre beauté, comme la bonne parole d'une reine ou d'un roi
, donne du prix aux choses communes : que vos doigts rouges peuvent
retenir, y pendent plus joliment que l'or le plus pur ; et, comme les pauvres,
devenus riches par hasard, courent ravis dans l'extravagance, mes émeutes
fantaisistes dans le la richesse des champs que sa charte rapporte : et à votre
linteau, près du berceau des feuilles de vigne, masquant la chaleur de midi ;
Les raisins qui pendent là , petits et aigres,
Sont doux en fleurs et plus que sucrés !

Contemplant des chatons pendant qu'ils jouent,
Noirs, tortues, blancs ou gris argentés; Ou des canetons sur l'eau qui
glissent, Jaunes et doux, et aux yeux naïfs: Ou des poussins bien formés
égarés ,
picorant sans cesse sur leur chemin; Chacun de ces êtres est une créature
achevée. , Dans un mouvement, une teinte et un trait parfaits : Une tristesse
insensée me fait soupirer. Ils manquent d'immuabilité. Mais toi, ma Nelly,
tu es toujours jeune. Fraîche et heureuse, tu habites parmi les fleurs les plus

brillantes et tu t'épanouis là où les prairies sont toujours fraîches et justes.
Comme tu étais alors je te vois maintenant, Debout sous une branche de
pommier ; Ton visage au milieu de ses fleurs, brillant De rires et de délices
roses, Tu sembles une fleur que le soleil partiel A choisi d'en faire une plus
grande.

Quel a pu être votre pèlerinage,
depuis que nous avons tous deux perdu nos jours d'Eden, je n'ai jamais
essayé de glaner témérairement; et je ne sais pas si vos voies d'enfance ont
été foulées par vos pieds de jeune fille. rencontrez-vous et écoutez les sons
que vous aimiez entendre ! Mais si parfois votre cœur était désireux Le long
de notre allée de chèvrefeuille De nouveau errer, dans un vol gracieux
Votre mémoire aurait trouvé du plaisir En y errant à nouveau enfant ! Et si
vous deveniez matrone, avec les soucis et les conflits quotidiens d'une
matrone ; la douleur et le chagrin, la blessure et le blâme mêlés au plaisir
d'être une épouse, je ne sais pas. Mais j'en suis sûr, que si vous aviez des
filles bénies, elles trouveraient votre brillant exemple leurre,
à travers les voies de la sagesse qui ont fait leurs preuves,
et une confiance compatissante et généreuse, pour bien conduire plus que
juste. Si une vieille expérience reste vraie, et qu'au bout d'une génération,
l'enfant de votre fille vous ressemble, alors, par cette loi heureuse, peut-être
qu'une autre Nelly pourra être vue pour honorer un autre village vert; à
travers le bleu tremblant
Pour planer avec eux en extase; Ou les primevères, dont les visages
bienvenus Des rives ensoleillées et des endroits ombragés, scintillent
tendrement dans l'or pâle Pris au petit matin, Quand, rêvant la lumière du
jour, ils se réveillent
Amoureux de la moisissure humide.
Et si une Nelly, bien que changée de nom,
ses belles dotations feront le même point sur toutes les grâces qui
charmaient auparavant Thro 'des aïeules inconnues, alors rayonne toujours
une joie qui bénit le voyageur près de la porte de votre chaumière ;
Qui, heureux de retrouver au fil des années le souvenir de ton visage
enjoué, peut s'attarder sur ta présence tandis que devant lui tu te tournes
encore pour sourire.

NOTE.

Les deux parties de « My Beautiful Lady », intitulées « My Beautiful Lady » et
« My Lady in Death », ont été écrites en 1849 et publiées le 1er janvier 1850
dans « The Germ », un magazine publié à seulement quatre nombres. « Dawn
» et « My Lady's Glory » ont été écrits à peu près à la même époque ; mais
tous les autres poèmes furent écrits entre 1857 et 1861. La première édition
complète parut en 1863 ; le deuxième en 1864 ; et le troisième en 1866.

« Nelly Dale » a été écrit en 1886.

TW

- 59 -

www.ingramcontent.com/pod-product-compliance
Lightning Source LLC
LaVergne TN
LVHW041436170726
843492LV00008B/2636